소송관계자를 위한

건설감정실무

손은성

박영사

건설소송은 의료나 특허소송처럼 전문소송이므로 주장과 사실을 확인하는 것부터 전문지식과 경험이 필요하다. 그런데 법관을 포함한 소송관계자 대부분은 건설의 전문가가 아니다. 그래서 건설소송에서 전문가의 감정이 차지하는 비중이 크다. 하지만 아이러니하게도 감정을 채택하고 신청하는 과정에 필요한 것이 건설에 대한 전문지식과 경험이다.

기존의 건설감정과 관련된 책은 두 종류였다. 절차로서 감정과 유형별 감정방법을 설명한 것이다. 그런데 이들 책에는 소송관계자들이 감정을 진행하는 과정에 참고할 수 있는 실무적인 내용이 없다. 그리고 아직까지 건설감정을 체계적으로 교육하는 기관이나 과정이 없다. 그러다 보니 납득할 수 없는 부실감정은 물론 감정과 관련된 문제들이 발생하고 있다.

부실감정이 발생하는 이유는 세 가지이다. 질문이 틀렸거나, 감정방법이 틀렸거나, 진행과정에서 확인하지 않기 때문이다. 틀린 질문은 감정을 신청하는 과정에서 발생하며, 틀린 방법 대부분은 감정인이 감정을 수행하는 과정에서 발생한다. 하지만 확인소홀은 소송 전 과정에 걸쳐 소송관계자 모두로 인해 발생한다.

그동안 부실감정을 비롯한 건설감정의 모든 문제는 감정인 때문에 발생한다고 여겨져 왔다. 감정을 결과라는 측면에서만 바라봤기 때문이다.

하지만 이들 문제 중 상당부분은 소송관계자들이 스스로를 비전문가라는 이유로 감정과정에 필요한 확인을 하지 않기 때문에 발생한다. 더 중요한 것은 이들 비전문가에게 필요한 것이 건설에 대한 전문지식과 경험이 아니라 주장과 질문에 대한 논리성이라는 것이다.

이 책에는 건설의 전문지식이나 감정방법에 대한 내용은 없다. 그것이 필요한 것은 감정인이다. 여기에 설명된 것은 소송대리인과 법관 등 소송관계자들이 감정을 진행할 때 확인해야 할 실무적인 사항들이다.

설계를 시작으로 감리와 시공을 거쳐 공동주택하자소송 실무자로 감정과 인연을 맺었다. 그 후 감정기일에 선서하고 감정보고서를 작성하는 감정인에 이어 법원의 상임전문심리위원으로 건설소송과 감정을 접하면서 변함없이 느끼는 것은 안타까움이다. 싸움은 말리고 흥정은 붙이라는 것은 싸움이 양측 모두에게 손해이기 때문이다. 건설소송도 당사자들의 이해와 양보를 통한 합의가 최선일 것이다. 하지만 그럼에도 불구하고 감정이 필요한 경우가 있는데 그때는 신속하고 효율적으로 진행되어야 한다. 이를 위해서는 법관을 포함한 소송관계자 모두에게 감정에 대한 실무적인 이해가 필요하다.

공부를 잘하는 사람은 질문을 잘한다. 그런데 좋은 질문은 예습과 복습에서 나온다. 건설감정 또한 그렇다. 소송관계자들에게 감정을 잘한다는 것은 신속하고 효율적으로 신뢰할 수 있는 감정결과를 도출해 내는 것이다. 그리고 건설감정에서 좋은 질문은 예습과 복습에 해당하는 단계별 확인에서 비롯된다. 그런 의미에서 이 책이 건설감정과 관련해 언제, 무엇을 질문하고 확인할 것인지 고민할 때 참고가 될 수 있길 희망하며 생각을 정리하는 과정에 격려와 조언을 해주신 법무법인 세종의 윤재윤 변호사님과 감정사례를 접할 수 있도록 소송에 참여시켜 주신 소송관계자분들께 감사드립니다.

2021년 8월

손은성

차 례

건설建設, build의 사전적 의미는 건물, 설비, 시설 따위를 새로 만드는 것이다. 그리고 건축建築, architecture은 집이나 성, 다리 따위의 구조물을 그 목적에 따라 설계하여 흙이나 나무, 돌, 벽돌, 쇠 등을 이용해 세우거나 쌓아 만드는 일이다. 건설이 포괄적 개념이라면 건축은 구체적인 행위이므로 건축은 건설에 포함된다.

건설소송의 궁극적인 목적은 이익추구, 즉 돈이다. 대다수 사람에게 소송은 일상적인 일이 아니며 건설소송은 더더욱 그러하다. 건설행위 자체가 일반적인 것이 아니기 때문이다. 하지만 건설소송은 생각보다 많이 발생하고 있다. 권리에 대한 인식과 더불어 법률 또한 서비스로 인식되면서 소송이 증가하고 있기 때문이다. 그리고 전자소송으로 인해 나 홀로 소송과 더불어 공동주택하자소송과 같은 집단소송이 확대되고 있다. 하지만 건설소송을 진행하는 것은 쉽지 않다. 건설이 전문성을 바탕으로 이루어지는 행위이므로 건설소송 또한 전문소송에 해당하기 때문이다.

전문성이라는 것은 어떤 분야에 상당한 지식과 경험을 가지고 그 일을 잘한다는 것을 의미한다. 따라서 전문소송인 건설소송을 위해서는 건축은 물론 법률에 대해서도 지식과 경험이 있어야 한다. 하지만 현실은 그렇지 않다. 그렇기 때문에 소송 당사자들은 법률전문가인 변호사를 통해 소송을 진행한다.

그런데 문제는 이들 법률전문가는 건축에 대해서는 전문가가 아니며 상황을 이해하고 판단해야 할 법관 또한 그렇다는 것이다. 상황이 이러다 보니 건설소송에서는 감정이라는 절차를 통해 전문가인 감정인의 도움을 받을 수밖에 없다. 그런데 감정은 감정인이 마음대로 할 수 있는 것이 아니다. 물어본 것에 대해서만 의견을 제시해야 한다. 그리고 감정에는 별도의 비용이 발생한다. 그러므로 감정을 해야 한다면 잘 해야 하며, 그러기 위해서는 소송관계자들이 건설과 건설감정에 대해 기본적인 것들을 알고 있어야 한다. 알아야 질문도 하고, 관리도 하며, 판단도 할 수 있기 때문이다.

Ⅰ. 건설업

1. 건설의 구분

건설산업기본법은 건설을 산업의 일환으로 공사를 통해 건물을 포함한 구조물 등을 직접 만드는 건설업과 이를 위한 기획 · 설계 · 감리 등 용역업으로 구분한다. 건설업을 건설의 하드웨어라고 한다면 용역업은 소프트웨어에 해당된다. 이들 업무를 단계와 시간에 따라 구분하면 아래와 같다.

표 1. 건설 산업 구분

구분		건설단계					비고
건설 산업	용역업	사업관리					
		기획	조사	설계	관리(감리)	유지관리	
	건설업			시공			

건축이라 불리는 것들은 일반적으로 건설업을 의미한다. 건설산업기본법은 건설산업을 일반건설업과 전문건설업으로 구분한다. 일반건설업에는 토목공사업, 건축공사업, 토목건축공사업, 산업설비공사업, 조경공사업이 있다. 그리고 전문건설업은 실내건축공사업, 토공사업 등 29개로 세분된다. 이 밖에 특별법에 의해 건설업으로 구분되는 전기공사업, 정보통신공사업, 소방설비공사, 문화재수리공사가 있으며, 용역업은 관리기준법에 따라 엔지니어링활동업과 건축설계 · 감리업 및 감리전문업 3가지로 구분된다.

표 2. 관련법규 구분

건설							비고
용역업						건설업	
기획	조사	설계	감리	사업관리	유지관리	시공	
엔지니어링산업진흥법		건축사법		엔지니어링산업진흥법		전기공사법	
		건설기술진흥법					
건설산업 기본법							

표 3. 건설산업분류 [건설산업기본법 시행령 제7조 기준]

구분				비고
건설	건설업	일반건설업	토목공사업	
			건축공사업	
			토목건축공사업	
			산업설비공사업	
			조경공사업	
		전문건설업	실내건축공사업	
			토공사업	
			습식 · 방수공사업	
			석공사업	
			도장공사업	
			비계 · 구조물해체공사업	
			금속구조물 · 창호 · 온실공사업	
			지붕판금 · 건축물조립공사업	
			철근 · 콘크리트공사업	
			기계설비공사업	
			상 · 하수도설비공사업	
			보링 · 그라우팅공사업	
			철도 · 궤도공사업	
			포장공사업	
			수중공사업	
			조경식재공사업	
			조경시설물설치공사업	
			강구조물공사업	
			철강재설치공사업	
			삭도설치공사업	
			준설공사업	
			승강기설치공사업	
			가스시설시공업(제1종, 2종, 3종)	
			난방시공업(제1종, 2종, 3종)	
			시설물유지관리업	
		특별법상 건설업	전기공사업	
			정보통신공사업	
			소방설비공사	
			문화재수리공사	
	건설용역업	엔지니어링활동업		
		건축설계 · 감리업		
		감리전문업		

2. 건설업의 특성

우리나라 건설업의 특성은 아래와 같이 5가지로 구분되어져 왔다.[1] 대부분의 건설공사가 도급계약에 기초하기 때문이다. 하지만 향후 공동주택 후분양제가 도입되고 모바일mobile건축이 활성화될 경우 제조물로서의 특성이 추가될 수 있다.

가. 주문생산성

건설업의 대상인 건축물은 대부분 도급계약에 따른 주문생산품이다. 발주자의 목적에 따라 각각의 용도와 형태가 달라지기 때문이다. 이는 여건에 따라 공사비가 달라질 수 있다는 뜻이므로 원가기준을 설정하기 어렵다는 것을 의미한다.

나. 이동성과 옥외성

건축물은 용도와 더불어 위치를 전제로 축조된다. 따라서 공산품과 같이 일정한 장소에서 만들어지는 것이 아니고 해당 건축물이 필요한 곳이 제조장이다. 그리고 인테리어와 전기ㆍ설비 일부를 제외한 대부분은 옥외에서 작업이 이루어진다. 그러다 보니 건설공사는 기후나 주변여건 등에 영향을 받을 수밖에 없다. 이와 같은 조건은 주문생산성과 더불어 동일한 용도의 건축물이라도 물리 외적 여건에 따라 공사비가 변동될 수 있음을 의미한다.

1　남진권,『건설산업기본법 해설』, 금호, 2017

다. 생산의 하도급의존성

건축물이 완성되기 위해서는 다양한 작업이 필요하며 이는 전문분야에 따라 세분화되어 있다. 그런데 개인이나 기업은 분야별 전문기술 및 이에 따른 생산수단 전부를 보유할 수 없다. 그래서 필요에 따라 해당분야 전문 (가)업체 하도급을 통해 건축물을 완성한다.

라. 생산의 장기성

건축물을 완성하는 데 소요되는 기간을 공기(공사기간)라 한다. 그런데 건축물은 다른 제조물에 비해 완성에 소요되는 기간이 길다. 여러 가지 공종이 연관되며 그 과정에서 시간이 필요하기 때문이다. 게다가 건설은 기후나 주변여건에 영향을 받기 때문에 공사기간은 길어질 수 있다. 공사기간이 길어지는 것은 공사비가 증가할 수 있음을 의미한다. 공기가 길어질 경우 간접비 증가는 물론 연장된 기간에 자재비나 인건비 등이 상승하여 직접비 또한 증가할 수 있다.

마. 종합산업

건축이 예술과 기술이 결합한 종합예술이라면 건축물은 다양한 재료와 작업(공종)의 집합체다. 건축물은 공종 간 협업을 통해 완성되므로 건설업의 핵심 업무는 코디네이션이다. 따라서 건축물을 생산하는 건설업은 재료와 기술과 인력 등이 집결된 종합산업이라 할 수 있다.

3. 건설계약의 특성

건설산업기본법에서 건설공사란 '토목공사, 건축공사, 산업설비공사, 조경공사, 환경시설공사, 그 밖에 명칭과 관계없이 시설물을 설치·유지·보수하는 공사(시설물을 설치하기 위한 부지조성공사를 포함한다) 및 기계설비나 그 밖의 구조물의 설치 및 해체공사 등'을 의미하는 것으로 목적에 따라 땅을 변형시키거나 구조물을 신설, 이설 또는 변경시키는 행위이다. 이와 같은 건설공사 계약의 특성에는 다음과 같은 것들이 있다.

가. 도급계약

도급都給이란 일정한 기간이나 시간 안에 끝내야 할 일의 양을 도거리로 맡거나 맡긴 일이다. 법률적으로는 당사자 중 한쪽이 어떤 일을 완성할 것을 약속하고 상대편이 그 일의 결과에 대해 보수를 지급할 것을 약속함으로써 성립하는 계약을 의미한다. 건설계약 또한 일의 완성을 전제로 하므로 도급계약에 해당되며 이에 따른 특성은 다음과 같다.

첫째, 도급계약은 유상·쌍무 계약이다. 계약당사자 중 일방에게는 일을 완성할 의무가 있으며 상대방은 이에 상응하는 비용을 지불할 의무가 발생하기 때문이다.

둘째, 도급계약은 낙성·불요식계약이다. 계약당사자들의 합의만으로 계약이 성립하며 합의에 대한 계약서를 작성하지 않아도 계약이 성립한다.

셋째, 도급계약의 목적은 일의 완성이므로 사물에 대한 소유권 이전을 의미하는 매매계약과 다르다. 그리고 일의 완성은 목적물인 건물 등의 완성을 의미하므로 이 과정에서 많은 노력이 있었더라도 건축물이 완성되지 않았다면 결과적으로 도급계약에 따른 의무(채무)를 이행하지 않는 것이 된다.

이와 같은 건설계약의 도급계약으로서의 특성은 다툼을 야기하는 원인으로도 작용한다. 당사자 중 일방이 의무를 이행하지 않는 경우, 즉 공사를 지연 또는 이행하지 않거나 공사대금을 지급하지 않는 경우 다툼이 발생한다. 그리고 계약서를 작성하지 않아 공사비나 공사범위와 관련한 다툼이 발생하며, 일이 완료되었더라도 결과물인 건물 등에 문제(하자 등)가 발생할 경우에도 완성과 관련한 다툼이 발생한다.

나. 당사자 권리

도급계약이 유상·쌍무 계약이므로 도급인인 건축주와 수급인인 시공자 모두에게 의무와 더불어 권리가 있다. 수급인은 일이 완성되면 목적물을 도급인에게 인도해야 하며 목적물은 계약내용에 부합되어야 한다. 즉 목적물이 당초 계약범위에 따른 용도와 기능을 충족시켜야 한다는 뜻이다. 하지만 그렇지 못한 경우가 발생할 수 있다. 이와 관련하여 수급인에게는 담보책임이 따르며 도급인에게는 하자보수 및 손해배상을 청구할 수 있는 권리가 있다. 도급인 또한 일의 완성에 대해 보수(공사대금)를 지급해야 한다. 지급 시기는 수급인이 완성된 결과물을 인도한 때가 일반적이나 민법에는 시기의 약정이 없으면 관습에 의하고, 관습이 없으면 약정한 노무를 종료한 후 지체 없이 지급하도록 규정하고 있다. 아울러 도급인이 대가를 지급하지 않을 경우 수급인에게는 보수청구권과 이를 담보하기 위한 저당권리가 있다.

다. 계약해제

도급계약은 쌍무계약이므로 당사자 중 일방이라도 의무를 이행하지 않을 경우 계약은 파기될 수 있다. 이때 유효하게 성립된 계약을 소급적으로 소멸시키는 것, 즉 계약 자체가 없었던 것이 되는 해제^{解制}인지, 계속적 계약관계를 당사자의 일방적 의사표시에 의하여 장래에 대하여 소멸시키는 해지^{解止}인지에 대한 문제가 발생할 수 있다. 하지만 건설공사 도급계약에 있어서는 해제^{解制}가 인정되지 않는다. 법원이 해제에 따른 소급효^{遡及效}를 제한하기 때문이다.

건설도급계약에 대해서는 해지가 적용되므로 수급인에게는 해지시점까지의 성과물을 미완성인 상태에서 도급인에게 인도하고 이에 대한 보수를 청구하며 도급인은 특별한 사정이 없는 한 미완성이더라도 이에 대한 보수를 지급해야 한다. 그리고 이 경우 또한 도급인과 수급인은 동시이행관계에 해당된다. 간혹 도급인이 미완성인 건물에 대해 수급인에게 원상복구를 요구하여 소송으로 진행되는 경우가 있으나 해당 건물에 특별한 결함이 없다면 공사의 진척도에 따른 보수를 지급하고 남은 부분을 이어서 시공하는 것이 양 당사자는 물론 사회경제적으로도 이익이다.

라. 계약의 형태

건설계약은 공사 발주방식과 계약금액 산출방식에 따라 구분할 수 있다. 건설공사계약에서 계약의 형태가 중요한 이유는 분쟁이 발생했을 때 책임범위와 법률의 적용기준이 되기 때문이다.

1) 발주방식

발주방식에 따라 설계 · 시공 일괄계약(일명 턴키)과 설계 · 시공 구분계약으로 나눌 수 있다. 그리고 설계와 시공을 구분한 경우에도 모든 공종을 하나의 시공자(사)를 통해 진행하는 일괄도급과 공종별 시공사(자)로 구성된 분할도급으로 구분할 수 있다.

대부분의 건설공사는 설계와 시공을 구분하여 발주자가 설계자 및 시공자와 각각의 계약을 체결한다. 하지만 대규모 사업 또는 발주자의 경험이나 전문성이 부족한 경우, 그리고 이를 구분하여 발주하기에 시간이 촉박한 경우 시공자에게 설계까지 일괄하여 진행한 후 최종 목적물을 제시토록 하는 설계 · 시공 일괄계약Turn-Key[2]을 하는 경우도 있다. 설계 · 시공 일괄계약의 경우 완성된 건축물에 하자가 발생하면 원인이 무엇이던 이에 대한 책임이 시공자에게 있다. 하지만 설계 · 시공 구분계약의 경우 하자의 발생 원인에 따라 책임범위가 달라질 수 있다.

일괄도급의 경우도 계약당사자가 1인(사)이므로 시공과 하자에 대한 책임소재가 분명하다. 반면 분할도급은 공종별 전문가를 통한 시공을 기대할 수 있으나 공기지연이나 하자가 발생하였을 경우 원인이 확인되어야 책임을 물을 수 있어 이에 대한 다툼이 발생할 수밖에 없다.

2) 계약금액 산출

건설공사계약은 계약금액 산출방식에 따라 총액계약, 단가계약, 실비정산보수가산식계약으로 구분할 수 있다.

총액계약은 계약범위에 포함되는 모든 행위, 즉 일의 완성에 필요한 총

---

2 공사가 완료되면 발주자가 시공자로부터 열쇠를 인계받기만 하면 된다는 의미임

비용을 기준으로 계약하는 방식이다. 일반적인 건설공사 계약형태로 실제 공사에 소요된 비용이 계약금액을 초과하더라도 원칙적으로는 시공자가 이의를 제기할 수 없다. 그러므로 총액계약을 할 경우 시공자는 발주자가 제시하는 계약기준(설계도면, 내역서, 시방서 등) 및 공사여건 등을 면밀히 검토하여 공사비를 산출해야 하며 계약서를 작성할 때도 신중해야 한다. 발주자 또한 과도하게 공사비를 낮춰 계약할 경우 품질저하나 공사 중단 및 분쟁 등이 발생할 가능성을 고려해야 한다. 시공자가 정해진 공사비에서 수익을 내기 위해서는 부실시공이나 공사비 증액요구와 관련한 일련의 행위 등을 할 수 있기 때문이다.

단가계약은 계약금액은 확정하지 않고 단가를 확정하는 계약방식이다. 발주자는 해당 공사의 세부공종 또는 작업별로 수량만 표기된 내역서(일명 공내역서)를 제시하고 시공자는 각각의 항목별 단가를 제시하여 산출된 공사비 총액을 기준으로 계약이 이루어진다. 시공자가 제시하는 단가는 시공능력과 보유자원에 따라 달라질 수 있다. 단가계약은 설계변경으로 수량이 달라질 경우 변경된 금액을 쉽게 확인할 수 있다. 하지만 공법이 변경될 경우 변경된 공법에 따른 단가를 확정함에 있어 다툼이 발생할 수 있다. 국내 건설공사에서는 순수한 단가계약방식 대신 단가계약을 기초한 총액계약이 적용되고 있어 설계변경에 따른 공사비 분쟁이 빈번하게 발생하고 있다.

실비정산보수가산식계약은 시공자가 투입한 공사비에 계약조건에 따른 보수를 지불하는 계약방식이다. 발주자가 별도의 관리자를 통해 직영공사를 하는 것과 같은 개념이다. 이와 같은 계약을 위해서는 발주자에게 상당한 수준의 경험과 전문성 및 시공자와의 신뢰관계가 필요하다. 계약시점에 공사비가 확정되지 않아 공사비가 상승될 수 있으며, 시공자가 제시한 실비 확인 및 하자에 대한 책임이 발주자에게 있기 때문이다. 아울러 보수기준과 관련한 다툼 또한 발생할 수 있으므로 계약 시 이에 대한 상호 확인이 필요하다.

4. 건설공사의 단계

건설업특성 중 하나인 종합산업이 의미하는 바와 같이 건설공사는 다양한 공종이 결합하고 목적물의 종류에 따라 공종과 세부업무에 차이가 있다.

가. 공사계획(착공 전 준비)

시공자는 착공 전 공사 전반에 걸친 계획을 수립한다. 계약기간에 근거한 공사기간을 설정하고 이에 따른 자재와 장비반입 및 인력수급 등 세부일정을 수립한다. 아울러 인·허가 및 시운전 등 시공 외 계약범위에 해당하는 모든 일들을 공사기간과 연계하여 계획에 반영한 예정공정표를 작성한다. 예정공정표는 계약서에 명시되는 공사기간을 산출하는 근거이므로 계약서류에 포함되기도 하는데 공기지연 시 판단의 근거가 된다.

나. 가설공사

가설공사는 목적물을 완성하기 위해 공사기간 중 임시로 설치하는 구조물 등을 설치하는 것이다. 공사현장 주변에 울타리, 구조체 공사를 위한 비계설치, 낙하물방지망 등과 같이 공사 중에만 존재하며 목적을 달성하면 철거되는 가시설물을 설치하는 공사다. 이들 가시설물은 계약도면에 포함되지 않는 경우가 대부분이나 공사를 위해서는 반드시 필요한 것이므로 공사비산출 시 반영되지 않을 경우 분쟁의 원인이 될 수 있다.

다. 토공사

토공사는 흙±과 관련된 공종을 일괄한 것으로 토목공사에서는 토공사 자체만으로 계약이 성립된다. 하지만 건축공사에 포함될 경우 전체공사 중 대지조성(성토, 절토, 굴토, 석축, 흙막이 등)을 위한 작업으로 구분한다.

토공사가 이루어지는 부위인 땅 속은 설계단계에서 정확한 상태를 알 수 없다. 그래서 공사를 진행하는 과정에 많은 변수가 발생한다. 그리고 이들 변수는 공사비의 증가로 이어진다. 흙막이 등 토공사 자체의 설계변경은 건축구조물 설계변경은 물론 인접건물 피해를 유발할 수 있으며 이들 모두는 분쟁의 사유가 되기도 한다.

라. 골조공사

골조공사는 기초를 포함하여 건물의 뼈대(기둥, 보, 바닥)와 형태를 만드는 것으로 재료에 따라 철근콘크리트조, 철골조, 철골·철근콘크리트조, 조적조 등으로 구분한다. 주변에서 볼 수 있는 건물은 대부분 철근콘크리트조이나 기둥과 보가 철골로 구성된 철골 또는 철골·철근콘크리트조도 있다.

골조공사는 일반적인 건축공사에서 가장 중요한 단계로 공사기간 또한 길어 공사여건 및 공기단축을 위해 토공사와 연계하여 공사방법을 변경하는 경우가 있는데 이는 설계변경에 해당되며 이로 인해 공사비 및 공사기간이 변경될 수 있다.

마. 전기 · 설비공사

전기 · 설비공사는 토목공사 및 골조공사와 더불어 진행된다. 터파기 및 토공사 진행 중 급 · 배수와 관련한 설비공사가 시작되며, 터파기 공사가 완료되면 전기공사인 접지공사가 진행되고, 골조공사가 진행되는 동안 전기 배선관 및 설비 슬리브 설치가 진행된다.

골조공사 완료 후 마감공사 과정에서 부위별 작업순서에 따라 전선배관, 전등설치, 전력설비설치 등 전기공사가 진행되며 위생기기설치, 덕트설치 및 공조기기 설치 등 설비공사가 진행된다. 그리고 전기 · 설비공사는 준공 전 시운전 및 관련기관의 성능시험 등을 통해 완성여부를 확인한다.

바. 단열공사

단열공사는 골조공사 진행과정과 더불어 골조공사가 끝난 후 외기와 접한 부위에서 이루어진다. 단열재는 법으로 설치위치가 규정되어 있으며 공사가 완료되면 자재가 밖으로 드러나지 않는다. 이와 같은 이유로 부적합자재 및 부실시공 가능성이 있어 단열성능과 관련한 다툼이 발생하고 있다.

사. 칸막이 공사

골조공사가 끝나면 최종마감에 앞서 내부공간을 구획하는 칸막이 공사가 진행된다. 칸막이는 재료에 따라 조적공사와 경량칸막이공사 등으로 구분되며 목공사와 창호공사(내부 창틀설치)가 병행된다.

아. 미장 · 방수공사

골조공사가 완료되면 지하층 및 옥상바닥에 방수공사가 이루어진다. 그리고 각 층별 칸막이공사가 완료되면 화장실, 욕실, 주방 등 물을 사용하는 부위에 방수공사가 진행된다. 칸막이부위 중 조적 및 골조부위에 대해서는 방수공사 외 미장공사가 이루어진다. 이들 공종은 결과물이 밖으로 노출되지 않기에 문제가 발생하더라도 확인되기까지 상당한 시간이 소요되는 경우가 많다. 미장부위에는 도장마감이 더해지며 방수부위에는 타일이나 석재 등 마감자재가 설치되기 때문이다. 방수의 경우 하자가 발생하더라도 정확한 발생 위치를 확인하기 어렵고 보수범위가 넓어 다툼이 발생할 수 있다.

자. 마감공사

건물 내 · 외부 최종마감재를 설치하는데 필요한 모든 공사로 외벽마감, 유리공사 및 벽체도장, 바닥, 천정 등이 해당된다.

인테리어공사도 마감공사에 포함되며 전기공사 중 전등설치와 설비공사 중 위생기기설치 등이 병행된다. 시각적으로 바로 확인되는 공종이므로 공사 중 발주자의 요청에 따라 자재가 변경되는 경우가 많으며 이로 인한 공사비 증 · 감이 발생할 수 있다.

차. 조경공사

조경공사는 건물 내 · 외부 마감공사와 병행하여 진행하거나 완료된 이후에 진행된다. 조경공사는 살아있는 수목을 다루기 때문에 계절의 영향을 받으며 지역 및 생육조건에 따라 식재할 수 있는 수목에 차이가 있다. 조경은 관련법규에 따라 확보해야 하는 면적이 있어 부득이 옥상조경 설치로 누수 등 하자가 발생하는 경우가 있다.

카. 기타

해당 공사로 인해 인접건물에 피해가 발생하는 경우가 있다. 주로 터파기(土) 공사 중 발생하는 경우가 많으며 발생 시 책임범위를 확인하기 위해 착공 전 주변현황조사와 더불어 공사중에는 계측관리를 진행한다. 터파기 공사 중 발생할 수 있는 위험을 예방하고 분쟁이 발생할 경우 원인과 발생 정도를 측정하는 근거로 활용할 수 있기 때문이다.

Ⅱ. 건설소송

1. 건설소송의 특성

건설소송은 의료소송과 더불어 전문소송에 해당된다. 의료소송의 쟁점은 원인이 무엇이냐며 보상기준 또한 어느 정도 정립되어 있다. 반면 건설소송은 쟁점이 다양하고 보상과 관련하여 기준이 없다. 건설이 많은 사람들을 통해 상당한 시간동안 다양한 계약관계에 따라 이루어지므로 관련사항이 다양하고 복잡하기 때문이다. 하지만 이와 같은 건설소송도 결국 하나로 해결된다. 바로 돈이다. 그래서 건설소송에서는 그것이 노력의 대가이든 손해에 대한 배상이든 납득할 수 있는 금액이 확인되어야 하는데 상당수의 경우 감정을 통해 산출되고 있다. 따라서 건설감정을 위해서는 건설에 대한 이해와 더불어 건설소송의 특성에 대한 이해도 필요하다.

가. 복합성

건설소송의 가장 큰 특성은 쟁점사항이 많고 관계가 복잡하다는 것이다. 건축물은 건축, 토목, 설비, 전기, 조경, 인테리어 등 각 공종별 성과물이 결합되어야만 목적한 기능을 갖출 수 있다. 그래서 계획부터 시공까지 공종별로 참여하는 사람이 많다. 그리고 이들 공종별 이해관계가 충돌하기 때문에 공사 중 다툼이 많다. 공사가 끝난 후 하자 등 문제가 발생했을 때에도 누구의 잘못인지 구분하기가 쉽지 않다. 원인이 복합적이기 때문이다. 더욱이 공사시점과 발생시점의 시간차 등으로 인해 인과관계를 명확히 구분하기도 쉽지 않다.

나. 전문성

건설소송에서는 주장은 물론 사실을 확인하는 데도 전문지식이 필요하다. 더욱이 건설이 여러 공종의 복합적인 노력으로 이루어지기 때문에 이를 확인하기 위해서는 다양한 분야의 전문지식이 필요하다. 이 밖에 시공과정에 대한 이해는 물론 관련법규나 규정 등에 대한 지식 또한 필요하다. 시공행위 자체가 복합성을 갖기 때문이다. 게다가 건설은 이론과 실제가 다른 경우가 많다. 그러다 보니 시공과정에서 다양한 변수가 발생하며 이와 같은 경우 실무경험에 기초한 임기응변과 상호이해로 처리되는 경우가 많다. 하지만 소송이 시작되면 종전의 상호이해는 위법과 계약위반으로 변한다. 그러므로 건설소송에서는 쟁점사항과 관련한 주장이 사실인지, 그리고 주장이 타당한지를 확인할 수 있는 전문지식과 더불어 계약조건에 부합되는지, 현행 규정이나 관행에 부합되는지, 시공 과정에서 절차적인 문제는 없었는지 등을 판단할 수 있는 실무적인 전문성도 필요하다.

다. 증거의 부족 및 확인방법의 한계

건설소송에서 쟁점은 건축물은 물론 건설과정에서 발생한 사실관계나 하자 같은 완성 후 발생하는 현상까지 포함한다. 쟁점을 파악하기 위해서는 다툼의 대상을 확인해야 한다. 그런데 경우에 따라서는 확인이 어렵거나 불가능할 수 있다. 공사가 완료되어 은폐 또는 매립되었거나 주장을 확인할 수 있는 자료가 없는 경우다.

기초처럼 지중에 설치되어 있어 확인이 어려울 경우 시공 당시 촬영한 사진이나 감리보고서 등을 통해 공사당시 상황을 유추해야 하는데 이는 쉽지 않다. 사진 등 관련 근거가 충분하지 않은 경우가 많기 때문이다. 자료가 있더라도 상대방이 보유하여 제시되지 않으면 확인이 불가능하다. 그리고 시공 상태를 직접 확인하더라도 범위가 부분적일 수밖에 없어 이를 전체에 적용하기에는 한계가 있다.

계약의 근거인 설계도면과 비교하여 확인하는 것 또한 쉽지 않다. 시공부위가 밖으로 드러나 있는 경우는 그나마 확인이 용이하다. 하지만 다투는 부위가 매립 또는 은폐되어 있을 경우 시설물 일부를 철거해야 한다. 그런데 철거에는 철거비와 더불어 원상복구비가 발생한다. 그리고 철거를 위해서는 상대 당사자나 세입자 동의가 필요한데 이 또한 쉽지 않다.

소규모 건물의 경우 구두로 계약하는 경우가 있으며 계약서가 있더라도 계약범위나 추가공사 등 쟁점과 관련된 사항이 명확하지 않은 경우가 많다. 그리고 공사비를 확정하지 않고 계약이 이루어기기도 한다. 이처럼 계약의 범위와 금액 및 시설기준 등이 확정되지 않은 상태에서 계약이 성립되었을 경우 소송에서 당사자들의 주장은 일치하지 않기 마련이다.

변경 및 추가공사에 대한 다툼이 발생했을 때 발주자는 물론 시공자 또한 자신들의 주장을 입증하는 것이 쉽지 않다. 발주자는 건축에 대한 비전문가인 경우가 많으며 사실관계를 입증할 자료가 미비할 때가 많다. 시공자 또한 회의록이나 업무일지 등을 작성하지 않았거나 구두로 작업지시를 받았을 경우 이를 증명하기 어렵다. 소규모 공사에서는 회의록이나 작업지시서 등 시공과정을 추적할 수 있는 자료들을 작성하지 않는 경우가 많다. 대규모 공사 또한 공사완료 후 관련 자료를 보관하지 않아 다툼이 발생했을 때 확인할 수 없는 경우가 많다. 그리고 계약관계에 따른 하도급업체의 입장 등을 고려할 경우 자료제출 자체를 기대할 수 없는 경우도 있다.

라. 복잡한 법규

건설소송에서 사실을 확인하는 것이 어려운 만큼 법규적용과 해석 또한 쉽지 않다. 건물의 종류와 소송 당사자 유형별로 적용되는 법에 차이가 있으며 관련법들 사이에도 적용기준이 일치하지 않기 때문이다.

민법에는 건축물이 석조, 석회조, 연와조, 금속 기타 이와 유사한 재료로 조성된 경우 10년간의 담보책임을 규정하고 있다.[3] 그런데 공동주택관리법시행령은 주요 21개 공종별 시설물공사 하자를 공사별로 2년에서 10년까지 4가지로 구분하며,[4] 건설산업기본법은 5년과 10년 2가지로 규정하고 있다.[5]

---

3 **민법 제671조(수급인의 담보책임-토지, 건물 등에 대한 특칙)** ① 토지, 건물 기타 공작물의 수급인은 목적물 또는 지반공사의 하자에 대하여 인도 후 5년간 담보의 책임이 있다. 그러나 목적물이 석조, 석회조, 연와조, 금속 기타 이와 유사한 재료로 조성된 것인 때에는 그 기간을 10년으로 한다.

4 **공동주택 관리법 시행령 제36조(담보책임기간)** ① 법 제36조 제2항에 따른 공동주택의 내력구조부별 및 시설공사별 담보책임기간(이하 "담보책임기간"이라 한다)은 다음 각 호와 같다.
1. 내력구조부별(「건축법」 제2조 제1항 제7호에 따른 건물의 주요구조부를 말한다. 이하 같다) 하자에 대한 담보책임기간: 10년
2. 시설공사별 하자에 대한 담보책임기간: 별표 4에 따른 기간
[별표4] 기준 책임기간 구분
마감공사 2년, 옥외급수 · 위생 관련 공사, 난방 · 냉방 · 환기 및 공기조화 설비공사, 급 · 배수 및 위생설비 공사, 가스설비공사, 목공사, 창호공사, 조경공사, 전기 및 전력설비공사, 신재생 에너지 설비 공사, 정보통신 공사, 지능형 홈 네트워크 설비 공사, 소방시설공사, 단열공사, 잡공사: 3년, 대지조성공사, 철근콘크리트공사, 철골공사, 조적공사, 지붕공사, 방수공사 5년, 기초공사 · 지정공사 등에 대해 10년

5 **건설산업기본법 제28조(건설공사 수급인 등의 하자담보책임)** ① 수급인은 발주자에 대하여 다음 각 호의 범위에서 공사의 종류별로 대통령령으로 정하는 기간에 발생한 하자에 대하여 담보책임이 있다. 〈개정 2015.8.11.〉
1. 건설공사의 목적물이 벽돌쌓기식구조, 철근콘크리트구조, 철골구조, 철골철근콘크리트구조, 그 밖에 이와 유사한 구조로 된 것인 경우: 건설공사의 완공일과 목적물의 관리 · 사용을 개시한 날 중에서 먼저 도래한 날로부터 10년
2. 제1호 이외의 구조로 된 것인 경우: 건설공사 완공일과 목적물의 관리 · 사용을 개시한 날 중에서 먼저 도래한 날로부터 5년

반면 개정 전 주택법은 이들 건축물에 대해 민법 제671조를 준용하되 집합건물의 소유 및 관리에 관한법률에서 매수인에게 불리한 특약은 효력이 없다고 명시하면서도 시설공사별 하자담보책임기간을 1, 2, 3, 4, 5, 10년으로 구분하고 있다.[6] 더욱이 2012. 12. 18.일자 개정 집합건물법에 따르면 2013. 06. 19.일을 기준으로 공동주택에 대한 하자청구소송의 하자보수 금액을 집합건물법상의 담보책임 존속기간과 주택법상 하자담보책임기간을 구분하도록 하고 있다. 즉 공동주택 분양시점에 따라 담보책임기간을 달리 적용해야 한다는 것이다.[7] 이 밖에도 민간공사와 관급공사에 적용되는 규정이 다르다. 이는 건설관련법이 다른 분야에 비해 세분화되어 복잡한 것에 반해 잦은 개정으로 법률 상호 간 일관성이 부족하기 때문이다.

---

6 **주택법 시행령 제59조 (사업주체의 하자보수)** ① 법 제46조 제1항의 규정에 의하여 사업주체(동조제2항 본문의 규정에 의한 사업주체를 말한다. 이하 이 조와 제60조 및 제61조에서 같다)가 보수책임을 부담하는 하자의 범위, 내력구조부별 및 시설공사별 하자담보책임기간 등은 별표 6 및 별표 7과 같다.

7 **집합건물법 시행령 제9조의2(담보책임의 존속기간)** ① 제9조에 따른 담보책임에 관한 구분소유자의 권리는 다음 각호의 기간 내에 행사하여야 한다.
1. 「건축법」 제2조 제1항 제7호에 따른 건물의 주요 구조부 및 지반공사의 하자: 10년
2. 제1호에 규정된 하자 외의 하자: 하자의 중대성, 내구연한, 교체가능성 등을 고려하여 5년의 범위에서 대통령령으로 정하는 기간
② 제1항의 기간은 다음 각 호의 날부터 기산한다.
1. 전유부분: 구분소유자에게 인도한 날
2. 공용부분: 「주택법」 제29조에 따른 사용검사일(집합건물 전부에 대하여 임시 사용승인을 받은 경우에는 그 임시 사용승인일을 말하고, 「주택법」 제29조 제1항 단서에 따라 분할 사용검사나 동별 사용검사를 받은 경우에는 분할 사용검사일 또는 동별 사용검사일을 말한다) 또는 「건축법」 제22조에 따른 사용승인일
③ 제1항 및 제2항에도 불구하고 제1항 각 호의 하자로 인하여 건물이 멸실되거나 훼손된 경우에는 그 멸실되거나 훼손된 날부터 1년 이내에 권리를 행사하여야 한다.[본조신설 2012.12.18.]

마. 감정의 중요성

이와 같은 특성들로 인해 건설소송감정에서 전문가의 역할은 중요하다. 경우에 따라 판결을 결정하는 근거가 될 수 있기 때문이다.

건설소송에서 판결의 근거가 되는 것은 하자보수비나 공사비와 같이 산출된 금액이다. 이들 금액은 확인된 사실이나 추정된 사항을 근거로 산출한 비용이다. 그런데 이들 비용은 법관이나 소송대리인이 산출하기에는 한계가 있다. 확인된 수량과 단가에 따른 계산만이 아니라 건설 전반에 관한 전문지식이 필요하기 때문이다. 그래서 대부분의 건설소송에는 감정을 통해 금액을 산출한다. 이것이 건설감정과 타 분야 감정과의 차이점이다. 다른 감정처럼 사실을 확인하는 것만으로는 건설소송을 해결할 수 없기 때문이다.

2. 건설소송 유형

건설소송에서 다투는 대상은 공사비, 손해, 책임과 권리 등이다. 이를 다시 다투는 사람과 세부 내용으로 구분하면 다음과 같다.

첫째, 건설공사와 관련하여 공사수급인이 공사도급인을 상대로 하는 소송이다. 공사완료 후 공사비청구, 공사 중단 또는 계약해지에 따른 기성고공사비청구, 설계변경 또는 추가공사로 인한 추가공사비청구, 노임청구 등이다.

둘째, 건설공사와 관련하여 공사도급인이 공사수급인을 상대로 하는 소송이다. 하자에 대해 하자보수에 갈음하는 손해배상청구, 공기지연에 대한 지체상금청구, 미시공부분에 대한 부당이득금청구 등이다.

셋째, 건설공사와 관련된 보증 책임에 대해 금융기관이나 보증기관을 상대로 하는 보증금청구소송이다.

넷째, 건설공사와 관련되나 공사관계자 이외의 제3자와 관련된 소송이다. 공사 및 계약과 관련된 위법행위에 대한 손해배상청구, 해당 공사로 자신의 건물에 직접적인 피해를 입은 주변사람들의 인접지피해, 일조권이나 조망권 침해에 대한 소송이다

다섯째, 건설공사 외 계약관계에서 발생하는 소송이다. 임차인과 임대인의 권리 및 의무와 관계된 유익비 · 원상복구비청구, 설계 · 감리용역과 관련한 용역비청구, 설계도서 저작권에 대한 권리청구, 인 · 허가지연 등에 대한 손해배상청구 등이다.

가. 기성고공사비

공사비소송 중 대표적인 것은 건설공사가 중지되거나 해제될 경우 발생하는 '기성고공사비'소송이다. 공사비가 확정되고 공사가 완료된 경우에는 기 지급금액을 제외한 공사비 잔액을 청구하기 때문에 확인해야 할 것들이 많지 않다. 하지만 공사가 중단된 경우는 그렇지 않다.

건설공사 도급계약의 경우 일반적인 계약해제와 달리 소급효가 인정되지 않는다. 소급효를 인정할 경우 수급인 및 사회적 손실이 크기 때문이다. 그래서 공사가 중단되거나 계약이 해제될 경우 해당 시점까지의 시공수량을 확인하는 것이 중요하다. 일이 완성된 만큼 공사비지급이 이루어져야 하기 때문이다. 중단된 공사의 시공수량 판단기준인 기성고 비율에 대해

대법원은 "건축공사도급계약에 있어 수급인이 공사를 완성하지 못한 상태로 계약이 해제되어 도급인이 기성고에 따라 수급인에게 공사대금을 지급해야 할 경우, 공사비 액수는 공사비지급방법에 관하여 달리 정한 경우 등 다른 특별한 사정이 없는 한 당사자 사이에 약정된 총공사비에 공사를 중단할 당시 공사의 기성고 비율을 적용한 금액이고, 기성고 비율은 공사비지급의무가 발생한 시점을 기준으로 하여 이미 완성된 부분에 소요된 공사비에다 미 시공부분을 완성하는 데 소요될 공사비를 합친 전체 공사비 가운데 완성된 부분에 소요된 비용이 차지하는 비율"로 제시하고 있다.[8]

나. 추가공사비

건설공사는 공사비가 확정되어 계약서가 작성되는 경우는 물론 구두계약일 경우라도 당사자 사이에는 일의 완성에 상응하는 금액이 존재한다. 그런데 대부분의 건축공사 계약방식이 총액계약이며 상당수는 공사범위(종류, 수량, 수준 등)에 대한 명확한 구분 없이 일의 완성을 전제로 이루어지고 있다. 그러다 보니 시공자입장에서는 당초 예상했던 공사범위가 증가되어 추가공사비가 발생할 경우 기대이익이 감소하며 이에 대한 수용범위를 넘어설 경우 추가공사비를 주장하게 된다.

추가공사비에 대해 대법원은 추가공사사실 및 당사자들의 추가공사비 지급합의 등을 확인하여 지급의무를 판단해야 한다고 제시하였다.[9] 이에 따라 추가공사비가 인정되는 것은 첫째 당초계약에 포함되어있는 업무량(수량 등)이 증가

---

8 대법원 1992.3.31. 선고 91다42630 판결: 대법원 1993.11.23. 선고 93더 25080 판결: 대법원 1996.1.23. 선고 94더31631, 31648 판결 등 다수

9 대법원 2006.4.27. 선고 2005더63870 판결

한 경우, 둘째 당초계약에 포함된 업무의 수준(품질)이 상향된 경우, 셋째 당초계약에 포함되지 않은 업무를 수행한 경우, 넷째 발주자 귀책 또는 기타 사유로 공사기간이 연장되어 추가적인 지출비용(간접비)[10]이 발생한 경우다.

다. 노임

상기 소송들은 도급계약을 전제로 한 것임에 비해 노임청구는 주로 건축주가 직접 시공하는 직영공사에서 발생한다. 노임청구소송에서 쟁점은 노무일수와 노임단가다. 직영공사는 노무계약이 구두로 이루어지는 경우가 많고, 노임에 대한 기준이 불분명하며, 시중 노임단가와 공인노임단가의 차이로 인해 당사자들의 주장이 상반되는 경우가 많다. 작업자들 또한 작업일수나 작업지시를 확인할 수 있는 작업일보 등 관련근거를 작성하지 않아 주장을 입증하기 어려운 경우가 많다.

라. 하자보수비

민법 제667조 수급인의 담보책임에 따르면 완성된 목적물 또는 완성 전 성취된 부분에 하자가 있을 경우 도급인은 수급인에 대해 상당기간 그 하자의 보수를 청구할 수 있도록 하고 있다. 아울러 하자가 중요하지 않은 경우 그 보수에 과다한 비용이 필요한 때에는 그렇지 않고 도급인은 하자의 보수에 갈음하거나 보수와 함께 손해배상을 청구할 수 있다고 규정하고 있다.

---

10 공사계약일반조건(계약예규 2200.04-104-4, 2011.05.13.) 제23조(기타 계약내용의 변경으로 인한 계약금액의 조정) ① 계약담당공무원은 공사계약에 있어서 제20조 및 제22조의 규정에 의한 경우 외에 공사기간·운반거리의 변경 등 계약내용의 변경으로 계약금액을 조정하여야 할 필요가 있는 경우 그 변경된 내용에 따라 실비를 초과하지 아니하는 범위 안에서 조정한다.

소송에서 '하자'는 기술적 결함이나 불편 그 자체와 같은 사실은 물론 소송을 통해 제기되는 '하자보수청구권'이나 '손해배상청구권'과 같은 '법률효과'를 발생시키기 위한 것들이다. 그러므로 하자보수의 책임범위를 구분하는 것과 더불어 발생시점과 원인을 확인하는 것이 쟁점이다.[11]

하자보수비 소송은 공사 완료 후 공사도급계약당사자 사이에서 발생하는 경우와 하자발생의 원인제공자와 피해자 사이에서 발생하는 것이 대부분이나 하자보수이행증권과 관련하여 건축주와 보증보험사 사이에도 발생한다. 그리고 공사 중에는 인접지피해로 인해 공사관계자(시공자 및 건축주)와 인접건물주 사이에서도 발생한다.

마. 지체상금

공사가 지연될 경우 건축주에게는 손해가 발생할 수 있다. 그래서 계약서에 약정금액과 더불어 공사기간을 명시하고 지체될 경우 시공자에게 책임을 부과한다. 공사도급계약에서 '지체상금' 약정은 수급인이 일의 완성인 '건물 준공'을 지체한 것에 대한 '손해배상액의 예정'을 의미한다.[12]

지체상금을 산정하기 위해서는 먼저 지체일수를 확인해야 하며 지체일수는 계약조건과 더불어 공사 중 발생된 일들을 종합적으로 검토하여 산정해야 한다. 공사지연의 책임이 발주자에게 있거나 천재지변 등 불가피한사항으로 발생할 수 있기 때문이다. 하지만 각각의 원인에 따른 정확한 지체

---

11 국내의 경우 건설사는 건축물 하자보수와 관련한 책임을 보증보험 증권으로 대신하고 있다. 하지만 보증사는 보증계약 이후에 발생한 하자에 대해서만 책임이 있으며 준공 전에 발생한 하자는 시공자에게 보수책임이 있어 이로 인한 다툼이 발생하고 있다.

12 대법원 2002.9.4. 선고 2001다1386 판결

일수를 산출하기란 쉽지 않다. 시공과정에 너무나 많은 이유들이 복합적으로 작용하기 때문이다. 설사 명확한 작업지시에 따라 공사가 중단과 재개를 반복했다 하더라도 작업효율이 저하될 수 있으므로 중단기간과 지연기간이 동일할 수 없다. 그리고 시공자의 의지에 따라 인력과 장비 및 공법변경을 통해 공사기간을 단축시킬 가능성 또한 존재하기 때문이다.

바. 부당이득금[13]

공사비와 관련한 부당이득금은 추가공사비와 반대되는 개념으로 수급인이 도급인을 상대로 미시공이나 변경시공으로 인해 계약금액보다 공사한 양이 적다고 판단될 때 공사비정산개념으로 차액반환을 주장한다.

이 밖에 임대아파트 분양전환 시 분양가가 과다산정되었거나 재건축아파트분양가에 책정된 건축비가 과다하다는 주장을 근거로 한 부당이득금 반환청구소송이 있다.

사. 보증금

우리나라는 계약을 비롯해 시공 중 발생하는 시공자책임 상당수를 보증보험으로 대체할 수 있다. 공사이행보증을 비롯한 각종 공사보험과 하자보수에 대한 책임까지 보증사가 발행하는 증권으로 대체하기 때문이다. 하지만 해당 증권이 보장하는 금액을 증권사로부터 받는 것은 쉽지 않다. 그래서 대부분의 경우 소송을 통해 보증금을 청구하고 있으며 대표적인 것이

---

13 부당이득금 하자는 법률상 원인 없이 타인의 재산 또는 노무로 인해 이익을 얻고 이로 인하여 타인에게 손해를 가한 자는 그 이익을 반환하여야 한다는 민법취지에 따라 권리자가 '부당이득'을 얻은 자에게 반환을 청구하는 것이다.

공동주택하자보수보증금 청구소송이다.

아. 위법행위

설계자나 시공자의 위법행위로 건축주에게 손해가 발생할 수 있다.

설계자는 국토교통부고시 설계도서작성기준에 따라 설계도서를 작성해야 한다.[14] 관련 법규나 기준에 부합되지 않는 설계로 건물이 갖추어야 할 요건을 만족시키지 못한 경우 설계자에게는 불법행위에 대한 책임이 발생한다. 그리고 설계자격이 없는 자가 설계한 경우 또한 계약 및 설계의 유효성에 관한 문제가 발생한다.[15]

시공자는 제시된 설계도면에 근거해 시공하며 대부분의 경우 설계도면은 적법하게 작성되었을 것으로 전제로 한다. 하지만 설계도서가 잘못 작성되었을 경우 이를 근거로 시공하였다면 문제가 발생한다. 이와 같은 상황을 줄이기 위해 건축법은 시공자에게도 설계도서 검토의무[16]를 제시하고

---

14 **건축법 제23조(건축물의 설계)** ② 설계자는 건축물이 이 법과 이 법에 따른 명령이나 처분, 그 밖의 관계 법령에 맞고 안전·기능 및 미관에 지장이 없도록 설계하여야 하며, 국토교통부장관이 정하여 고시하는 설계도서 작성기준에 따라 설계도서를 작성하여야 한다. 다만, 해당 건축물의 공법 등이 특수한 경우로서 국토교통부령으로 정하는 바에 따라 건축위원회의 심의를 거친 때에는 그러하지 아니하다.

15 법률행위 내용의 중요 부분에 착오가 있다하기 위해서는 표의자에 의하여 추구된 목적을 고려하여 합리적으로 판단하여 볼 때 표시와 의사의 불일치가 객관적으로 현저하여야 하는바, 원심이 판시한 바와 같이 이 사건 설계용역에서 건축사 자격이 가지는 중요성에 비추어 볼 때, 피고가 원고에게 건축사 자격이 없다는 것을 알았더라면 피고만이 아니라 객관적으로 볼 때 일반인으로서도 이 사건과 같은 설계용역계약을 체결하지 않았을 것으로 보이므로, 이 사건에서 피고 측의 착오는 중요한 부분의 착오에 해당한다고 할 것이다. (대법원 2003.4.11. 선고 2002다70884 판결)

16 **건축법 제24조(건축시공)** ③ 공사시공자는 설계도서가 이 법과 이 법에 따른 명령이나 처분, 그 밖의 관계 법령에 맞지 아니하거나 공사의 여건상 불합리하다고 인정되면 건축주와 공사감리자의 동의를 받아 서면으로 설계자에게 설계를 변경하도록 요청할 수 있다. 이 경우 설계자는 정당한 사유가 없으면 요청에 따라야 한다.

있다. 하지만 시공자는 설계의 전문가가 아니기 때문에 확인에 한계가 있어 문제가 발생하였을 경우 다툼의 원인이 될 수 있다.

자. 인접지 피해

시공 중 발생하는 소음, 분진, 진동으로 인해 인접 건물이나 거주자에게 피해가 발생할 경우 당사자들은 이에 대해 손해배상을 청구한다. 이 중 문제가 되는 것은 건축물이 기울거나 균열 등 하자가 발생하는 경우다. 공사 중 발생하는 피해 대부분은 시공이 원인인 경우가 대부분이다. 하지만 경우에 따라서는 기상 또는 지반상황 등 주변 여건으로 발생하는 경우도 있다. 그러다 보니 시공자 입장에서는 피해발생책임을 인정하지 않는 경우가 많아 피해 당사자들이 손해배상을 청구한다.

차. 일조 · 조망권 침해

인접대지의 신축건축물로 인해 일조량 감소 및 조망이 가리는 것을 손해로 주장하는 경우가 있다. 일조권은 언덕이나 구릉지에 위치한 주택 신축공사나 초등학교 주변 아파트신축공사 등과 관련하여 주로 발생하며, 조망권은 경관이 수려한 곳에 위치한 건축물 주변에 신축건물이 시공될 때 주로 발생하고 있다.

카. 유익비 · 원상복구비

건물을 임대할 때 계약조건에 포함된 임차인의 원상복구의무에 따라 임대인은 이에 소요되는 비용을 청구한다. 반면 임차인은 자신의 비용으로 임차기간에 해당 부동산을 이용하거나 개량하기 위해 투입한 비용을 임대인에게 유익비로 청구한다.

타. 용역비

설계나 감리 등 용역비가 지급되지 않거나 용역계약이 중단 또는 해지될 경우 보수를 청구하는 소송이 발생한다. 완료된 용역에 대해서는 채무불이행에 해당되며 업무가 중단된 경우 계약취지, 관행, 법률규정 및 신의성실 등에 비추어 계약내용을 이행하지 않은 것들을 말한다. 건축공사는 도급계약이나 설계계약은 용역계약이다. 따라서 시공자에게 채무는 일의 완성인 공사의 완료를 의미하며 설계자에게는 설계도서 작성 및 인허가 등 계약범위에 포함된 일련의 행위를 이행하는 것이다. 이 밖에 공사계약에서와 같이 설계비를 결정하지 않고 설계를 진행하였을 경우에도 용역비 청구 소송이 발생하며, 추가공사비와 같이 당초 용역범위를 초과하는 수준의 설계변경이 발생한 경우 설계자가 발주자를 상대로 용역비소송을 제기하고 있다.

파. 설계 등 저작권

설계도서 저작권과 관련한 소송은 설계용역이 해제되는 과정에서 설계자 동의 없이 제3자에게 설계자의 성과물을 토대로 유사한 설계를 진행하였을 경우 최초설계자가 발주자나 제3자를 상대로 권리를 주장하는 소송이다.

하. 인·허가 지연

건축공사는 물리적 시설물을 구축하는 시공과 더불어 인·허가 등 행정절차 이행이 수반되어야 한다. 행정절차이행에는 상당한 시간과 노력이 소요되며 당초 예상한 시간을 초과할 경우 비용증가로 이어진다. 인·허가 관련 준공지연은 임대수익감소 및 입주지연으로 인한 손해배상 등 금전적 피해가 발생할 수 있다. 그리고 인·허가 과정에서 법규해석이나 제반조건 미비 등으로 행정절차가 지연 또는 중단될 경우에도 문제가 발생할 수 있다. 지연기간동안 관련규정이 바뀌어 당초 예상했던 계획을 변경해야 하거나 선행행위가 불법이 되는 경우다. 이와 같은 일이 발생할 경우 건축주는 설계자나 시공자를 상대로 손해배상소송을 제기할 수 있다.

I. 감정

1. 감정의 의미

감정鑑定의 사전적 의미는 두 가지다. 사물의 특성이나 참과 거짓, 좋고 나쁨을 분별하여 판정한다는 일반적 의미와 재판에 관련된 특정한 사항에 대해 그 분야 전문가가 의견과 지식을 보고하는 법률적 의미다. 일반적 의미의 감정은 진위여부 및 시중가치를 판단하는 것으로 보석감정, 예술품감정, 부동산시세감정, 명당감정, 학술감정 등이 있다. 반면 법률적 의미의 감정은 소송감정訴訟鑑定으로 소송의 종류에 따라 목적이 다르다. 소송에서 필적筆跡이나 인장印章을 감정하는 문서감정은 진위확인이 목적이며, 측량 및 신체감정은 상태를 확인하는 것이고, 진료기록감정은 원인을 확인하는 것이며, 시가 및 건설감정은 환산가치를 추정하는 것이다.

소송감정訴訟鑑定(이하 감정)에 대한 법원의 정의는 다음과 같다. 감정鑑定이란 법관의 판단능력을 보충하기 위하여 전문적지식과 경험을 가진 자로 하여금 법규나 경험칙(대전제에 관한 감정) 또는 이를 구체적 사실에 적용하여 얻은 사실판단(구체적 사실판단에 관한 감정)을 법원에 보고하게 하는 증거조사이다.[17]

---

[17] 법원행정처, 법원실무제요 민사소송[Ⅲ] (2017), 1486

감정은 법관의 명령을 근거로 하며 이를 수행하는 감정인에게 기대되는 것은 특별하거나 제한적인 사실판단이므로 전제사실에 따라 감정결과가 달라질 수 있다. 아울러 소송법상 감정은 '감정증인'[18]을 통한 증거방법이므로 법관의 판단에 따라 증거로서의 가치가 인정되지 않을 수 있다.

과학이 발전하고 사회가 복잡하며 다양화되는 것과 더불어 소송 역시 복합적이고 전문화되고 있다. 그래서 쟁점과 관련된 사실관계 확인에도 전문지식이 필요한 경우가 많다. 그리고 확인된 사실의 고의나 과실을 구분하기 위해서도 전문지식과 더불어 해당분야에 대한 폭넓은 이해와 경험이 필요하다. 그런데 법관을 비롯한 소송관계자(당사자 및 대리인)의 지식과 경험에는 한계가 있다. 그리고 사건과 관련된 다양한 분야의 전문지식을 깊이 있게 습득하는 것도 쉽지 않다. 책이나 인터넷 등을 통한 정보는 한계가 있으며 습득하더라도 실제와 다를 수 있다. 그리고 현실은 교과서적이지 않고, 관행 등은 실무경험이 없으면 관계자라 하더라도 알 수 없으며, 소송 당사자들의 주장이나 제시근거 또한 실제와 다르거나 조작될 수 있기 때문이다. 하지만 이와 같은 어려움 때문에 전문사항에 대한 확인이나 판단을 포기할 수는 없다. 그래서 전문소송에서 감정의 역할은 더욱 중요해지고 있다.

2. 감정의 특성

감정은 증인과 함께 인증人證에 해당한다. 증인은 본인이 경험한 사실

---

18 민사소송법 제340조 (감정증인), 형사소송법 제179조 (감정증인)
특별한 학식과 경험에 의하여 알게 된 사실에 관한 신문은 증인신문에 관한 규정을 따른다.

을 보고하는 것이므로 대체성이 없다. 하지만 감정은 감정인의 전문지식과 경험에 따른 의견을 확인하는 것이므로 증인과 달리 대체성이 있다. 따라서 증인이 자연인에 한정되는 것에 비해 감정은 공공기관, 학교, 기타 단체 등을 통해서도 할 수 있다.

감정인이 작성한 감정보고서는 서증에 해당하지 않는다. 감정은 의견이므로 감정인에 따라 결과가 다를 수 있고 감정인 개인의 지식과 경험에 오류가 있을 수 있기 때문이다. 따라서 법관은 자유심증주의원칙에 따라 전문가의견으로서 증거방법의 하나인 감정결과에 구속되지 않고 증거가치를 판단할 수 있다. 반면 소송 외에서 당사자에 의해 작성된 감정보고서(이하 사감정보고서)는 서증에 해당되므로 합리적일 경우 사실인정의 자료가 될 수 있다.[19] 다만 사감정보고서는 상대 당사자의 기피 및 신문권이 보장되지 않은 상태에서 당사자 일방의 주도 아래 작성된 것이므로 전제사실이나 판단기준이 법관이 인정하는 사실에 부합되지 않을 수 있다. 그러므로 사감정보고서를 사실판단에 근거로 인정하기 위해서는 감정결과는 물론 적용 근거나 절차 등이 적절한지 면밀히 확인하여 증거로서 가치를 판단하여야 한다.

3. 감정의 유형

법규나 경험칙(대전제에 관한 감정) 또는 이를 구체적 사실에 적용하여 얻은 사실판단(구체적 사실판단에 관한 감정)을 구하는 감정에는 4가지 유형이 있다.

---

[19] 대법원 1999.7.13. 선고 97다57979 판결

가. 제1유형

감정인을 통해 전문지식만 확인하는 경우다. 쟁점사항 중 객관적이고 과학적인 사실 또는 통례 등으로 용어설명, 결로가 발생하는 조건, 거푸집 존치기간 등과 같이 감정사항이 확인되면 법관이 사안을 판단할 수 있는 경우에 이루어진다.

나. 제2유형

법관이 증거와 일상의 경험칙에 따라 인정한 전제사실을 기초로 감정인이 전문지식을 적용하여 결론을 도출하는 경우다.

발생되었거나 확인된 사실을 근거로 원인을 밝히는 경우로 사망의 원인을 확인하거나 누수로 시설물이 손상된 건물의 누수 발생 원인을 감정인의 전문지식과 경험을 통해 찾는 감정이다.

다. 제3유형

법관이 감정인에게 전제사실은 물론 이에 따른 결론까지 확인토록 하는 감정으로 전제사실을 규정하는 것부터 전문지식이 필요한 경우다.

쟁점이 부상이나 하자의 정도인 경우로 부상이나 하자가 발생된 것이 전제되어야 한다. CT나 MRI검사 등을 통해 신체에 부상이 발생하였는지 확인하고 그렇다면 어느 정도인지, 건축물 조사를 통해 해당 건물에 발생한 하자가 있는지 있다면 어느 정도인지 등 확인이 필요하다. 그런데 부상이나 하자의 발생유무를 확인하기 위해서는 전문지식이 필요하나 법관이나 당사자들 대부분은 이를 확인할 수 있는 전문성을 갖추지 못하고 있다.

그래서 이와 같은 경우 감정인을 통해 전제사실과 쟁점사항을 확인한다.

라. 제4유형

제2유형과 제3유형이 혼합된 형태의 감정이다. 법관이 경험칙에 따라 인정할 수 있는 전제사실과 감정인의 전문지식을 통한 인정이 필요한 전제사실이 병합되어 있는 경우다.

확정된 전제사실에 대한 발생원인 및 정도를 확인하고, 확정되지 않은 것에 대해서는 감정인이 주도적으로 자료수집·조사를 통해 인식한 사실과 전문지식을 기초로 쟁점사항에 대해 확인하는 감정이다.

4. 감정의 전제

감정은 전문분야에 대해 법관의 판단능력을 보충하기 위한 것이다. 그러므로 이를 이행하는 감정인의 역할은 법관의 보조자에 해당된다. 따라서 감정은 다음과 같은 전제를 바탕으로 이루어져야 한다.

가. 전문성

감정이 필요한 이유는 법관에게 소송과 관련된 전문지식과 경험이 부족하기 때문이므로 감정은 지식과 경험 등 전문성을 가진 감정인을 통해 이루어져야 한다.

법관의 일반적 지식과 경험으로 쟁점과 관련된 사실 등을 판단할 수 있는 경우라면 감정인을 통한 감정은 필요하지 않다. 당사자가 감정을 신청하더라도 법관이 불필요하다고 인정할 경우 각하할 수 있다. 하지만 사실 판단에 해당분야 전문지식과 경험이 필요하다고 여겨지는 경우 비록 법관이 관련된 전문지식을 갖고 있다 하더라도 재판의 중립성을 고려할 경우 감정을 통한 확인이 필요하다.

나. 공정성

감정은 판결에 영향을 줄 수 있으므로 감정결과 뿐만 아니라 진행과정 전반에 걸쳐 공정성이 전제되어야 한다. 소송 당사자가 감정을 신청하는 이유에는 이익추구와 더불어 공정한 판단에 대한 기대도 포함되어 있기 때문이다.

감정의 공정성과 관련하여 민사소송법에서는 감정인의 자격 및 기피요건을 제시하고 있으며[20] 감정인에게도 책임을 부여하고 있다.[21]

---

20 **민사소송법, 제334조 (감정의무)** ② 제314조 또는 제324조의 규정에 따라 증언 또는 선서를 거부할 수 있는 사람과 제322조에 규정된 사람은 감정인이 되지 못한다.
　　민사소송법, 제314조 (증언거부권) 증인은 그 증언이 자기나 다음 각 호 가운데 어느 하나에 해당하는 사람이 공소제기 되거나 유죄판결을 받을 염려가 있는 사항 또는 자기나 그들에게 치욕이 될 사항에 관한 것인 때에는 이를 거부할 수 있다.
　　1. 증인의 친족 또는 이러한 관계에 있었던 사람
　　민사소송법, 제336조 (감정인의 기피) 감정인이 성실하게 감정할 수 없는 사정이 있는 때에 당사자는 그를 기피할 수 있다. 다만, 당사자는 감정인이 감정사항에 대한 진술을 하기 전부터 기피할 이유가 있다는 것을 알고 있었던 때에는 감정사항에 관한 진술이 이루어진 뒤에 그를 기피하지 못한다.

21 **민사소송법, 제338조 (선서의 방식)** 선서서에는 "양심에 따라 성실히 감정하고, 만일 거짓이 있으면 거짓감정의 벌을 받기로 맹세합니다."라고 적어야 한다.
　　형법, 제154조 (허위의 감정, 통역, 번역) 법률에 의하여 선서한 감정인, 통역인 또는 번역인이 허위의 감정, 통역 또는 번역을 한 때에는 전2조의 예에 의한다.
　　형법, 제152조 (위증, 모해위증) ① 법률에 의해 선서한 증인이 허위의 진술을 한 때에는 5년 이하의 징역 또는 1천만 원 이하의 벌금에 처한다.

다. 합리성

증거로서 판단근거가 될 수 있는 감정은 합리적이어야 한다.

감정인이 보유한 지식과 경험의 크기에 따라 감정방법과 결과에 차이가 있을 수 있다. 하지만 항목별 감정내용에 일관성이 없고 인과관계가 무시된 결과에 대해서는 법관은 물론 당사자들도 문제가 있음을 인지할 수 있다. 문제가 있는 감정은 판단근거로 활용할 수 없다. 그러므로 감정은 사실관계에 기초하고, 일관된 논리를 적용하며, 감정결과 또한 상호 모순되지 않는 합리성에 근거해야 한다.

5. 감정의 요건

감정이 특정한 사안에 대해 전문지식과 경험을 기초로 사실판단을 통한 감정인의 의견을 구하는 증거조사방법이므로 이를 진행하기 위해서는 감정사항(대상), 감정인, 전제사실과 같은 요건이 필요하다.

가. 감정사항

감정대상은 쟁점과 관계된 것으로 사물이나 현상 및 인과관계 등이다.

감정을 통해 해당분야에 실제 적용되는 법규나 관행 등을 파악하고, 문서나 인장 예술품 등 진위를 구분하며, 진료기록 검토를 통해 사실 확인 및 원인 또는 결과 등을 추정한다. 부동산이나 시설물에 대한 시중가치를 산출하고, 상태를 기준으로 건축물의 면적을 산출하며, 공사비 및 하자보수비나 지체상금 등 손해에 대한 환산가치 등을 추정한다. 그러므로 감정을 위해서는 쟁점과 관련된 주장을 뒷받침할 감정대상이 필요하다.

나. 감정인

감정이 감정대상에 대해 법관의 전문지식과 경험을 보충하는 것이므로 이와 같은 역할을 수행하는 감정인은 당연히 전문지식과 경험을 가지고 있어야 한다. 그런데 감정인이 이를 갖추고 있는지 확인하는 것은 쉽지 않다. 그래서 현재는 학위나 자격 및 실무경력을 통해 감정인을 파악하고 있다.[22]

감정은 자연인 또는 단체나 기관 등도 할 수 있고, 증인과 같이 특정인이 아니므로 요건에 따라 대체될 수 있다. 아울러 감정사항이 복잡하거나 여러분야가 혼재되어 있어 감정인 개인이 해결할 수 없다고 판단될 경우 여러 명의 감정인을 통해 공동감정을 할 수 있다.

다. 전제사실

감정유형 중 제1 유형을 제외한 3가지 유형의 감정을 위해서는 전제사실이 확인되어야 한다. 전제사실에 따라 감정결과가 달라질 수 있기 때문이다.

진위여부나 원인을 확인하는 다른 감정들과 달리 건설감정은 무엇보다 전제사실이 중요하다. 계약의 범위가 결정되면 추가공사여부가 확인되고, 기준시점이 달라지면 적용단가가 달라지며 산출금액이 달라진다. 그러므로 법관은 일반적인 경험법칙으로 인정할 수 있는 사실은 스스로 증거를 조사하고 사실을 인정하며, 증거조사 결과에 따른 인정예정사실을 감정인

---

[22] 대법원 온라인감정인등록기준 참조, https://gamjung.scourt.go.kr

에게 전달하고 이를 기초로 감정하도록 지시해야 한다. 법관이 인정사실을 감정인에게 전달하지 않으면 동일 기록을 읽고 감정인이 상이한 전제사실을 끌어내 감정할 위험이 있으며, 법관이 인정한 사실과 감정인의 전제가 일치하지 않을 경우 감정의 증거력이 발휘될 수 없어 증거로 인정할 수 없기 때문이다. 그러므로 법관은 감정을 시작할 때와 감정이 끝났을 때 해당 감정과 관련하여 감정인이 적용한 기초사실이 당초 인정하는 사실을 전제로 하였는지 확인해야 한다.[23]

6. 감정의 절차

감정절차는 민사소송법 제333조부터 342조까지 감정기준을 준용한다.[24]

---

23 감정인의 전제사실과 법원이 인정하는 사실이 일치하지 않을 경우 독일은 '사용불가능'으로, 일본은 '증거가치 제로'로 판단한다.

24 **제333조(증인신문규정의 준용)** 감정에는 제2절의 규정을 준용한다. 다만, 제311조 제2항 내지 제7항, 제312조, 제321조 제2항, 제327조 및 제327조의2는 그러하지 아니하다.
제334조(감정의무) ① 감정에 필요한 학식과 경험이 있는 사람은 감정할 의무를 진다.
② 제314조 또는 제324조의 규정에 따라 증언 또는 선서를 거부할 수 있는 사람과 제322조에 규정된 사람은 감정인이 되지 못한다.
제335조(감정인의 지정) 감정인은 수소법원ㆍ수명법관 또는 수탁판사가 지정한다.
제335조의2(감정인의 의무) ① 감정인은 감정사항이 자신의 전문분야에 속하지 아니하는 경우 또는 그에 속하더라도 다른 감정인과 함께 감정을 하여야 하는 경우에는 곧바로 법원에 감정인의 지정 취소 또는 추가 지정을 요구하여야 한다.
② 감정인은 감정을 다른 사람에게 위임하여서는 아니 된다.
제336조(감정인의 기피) 감정인이 성실하게 감정할 수 없는 사정이 있는 때에 당사자는 그를 기피할 수 있다. 다만, 당사자는 감정인이 감정사항에 관한 진술을 하기 전부터 기피할 이유가 있다는 것을 알고 있었던 때에는 감정사항에 관한 진술이 이루어진 뒤에 그를 기피하지 못한다.
제337조(기피의 절차) ① 기피신청은 수소법원ㆍ수명법관 또는 수탁판사에게 하여야 한다.
② 기피하는 사유는 소명하여야 한다.
③ 기피하는 데 정당한 이유가 있다고 한 결정에 대하여는 불복할 수 없고, 이유가 없다고 한 결정에 대하여는 즉시항고를 할 수 있다.

감정인명단작성, 감정분야별 감정인선정 및 지정, 감정절차 및 감정료 산정에 대한 세부사항은 '감정인 등 선정과 감정료 산정기준 등에 관한 예규'[25]에 따른다.

제338조(선서의 방식)　선서서에는 "양심에 따라 성실히 감정하고, 만일 거짓이 있으면 거짓감정의 벌을 받기로 맹세합니다."라고 적어야 한다.

제339조(감정진술의 방식)　① 재판장은 감정인으로 하여금 서면이나 말로써 의견을 진술하게 할 수 있다.

② 재판장은 여러 감정인에게 감정을 명하는 경우에는 다 함께 또는 따로따로 의견을 진술하게 할 수 있다.

③ 법원은 제1항 및 제2항에 따른 감정진술에 관하여 당사자에게 서면이나 말로써 의견을 진술할 기회를 주어야 한다.

제339조의2(감정인신문의 방식)　① 감정인은 재판장이 신문한다.

② 합의부원은 재판장에게 알리고 신문할 수 있다.

③ 당사자는 재판장에게 알리고 신문할 수 있다. 다만, 당사자의 신문이 중복되거나 쟁점과 관계가 없는 때, 그 밖에 필요한 사정이 있는 때에는 재판장은 당사자신문을 제한할 수 있다.

제339조의3(비디오 등 중계장치 등에 의한 감정인신문)　① 법원은 다음 각 호의 어느 하나에 해당하는 사람을 감정인으로 신문하는 경우 상당하다고 인정하는 때에는 당사자의 의견을 들어 비디오 등 중계장치에 의한 중계시설을 통하여 신문하거나 인터넷 화상 장치를 이용하여 신문할 수 있다.

1. 감정인이 법정에 직접 출석하기 어려운 특별한 사정이 있는 경우

2. 감정인이 외국에 거주하는 경우

② 제1항에 따른 감정인신문에 관하여는 제327조의2제2항 및 제3항을 준용한다.

제340조(감정증인)　특별한 학식과 경험에 의하여 알게 된 사실에 관한 신문은 증인신문에 관한 규정을 따른다. 다만, 비디오 등 중계장치 등에 의한 감정증인신문에 관하여는 제339조의3을 준용한다.

제341조(감정의 촉탁)　① 법원이 필요하다고 인정하는 경우에는 공공기관·학교, 그 밖에 상당한 설비가 있는 단체 또는 외국의 공공기관에 감정을 촉탁할 수 있다. 이 경우에는 선서에 관한 규정을 적용하지 아니한다.

② 제1항의 경우에 법원은 필요하다고 인정하면 공공기관·학교, 그 밖의 단체 또는 외국 공공기관이 지정한 사람으로 하여금 감정보고서를 설명하게 할 수 있다.

③ 제2항의 경우에는 제339조의3을 준용한다.

제342조(감정에 필요한 처분)　① 감정인은 감정을 위하여 필요한 경우에는 법원의 허가를 받아 남의 토지, 주거, 관리중인 가옥, 건조물, 항공기, 선박, 차량, 그 밖의 시설물 안에 들어갈 수 있다.

② 제1항의 경우 저항을 받을 때에는 감정인은 경찰공무원에게 원조를 요청할 수 있다.

25　대법원 재판예규 제1462호(재일 2008-1)

1) 감정신청

감정은 소송 당사자의 신청 및 법관의 직권으로 진행된다. 대부분의 경우 소송과정에서 필요성이 확인되어 감정을 신청한다. 하지만 감정을 하지 않고는 사실관계를 확인할 수 없을 때는 소장접수단계에서부터 감정을 신청한다. 감정을 신청하는 자는 감정신청 시 감정의 목적과 감정사항을 적시한 서면을 제출해야 한다.

2) 감정의 채택

감정은 법관이 감정신청내용과 감정의 필요성 및 가능성 등을 검토하여 채택여부를 결정한다. 건설감정은 소요기간과 비용이 상당한 경우가 많으며 감정 자체가 불가능하거나 감정으로 다툼이 심화되어 조정이 어려워지는 경우도 발생할 수 있다. 그리고 사실관계나 당사자적격 등 법리적인 판단에 따라 결론을 도출할 수 있어 감정이 필요 없는 경우도 있다. 그러므로 감정을 채택하기 전 조정가능성 및 감정의 필요성에 대한 검토가 필요하다.

3) 감정인 선정

감정이 채택되면 『감정인선정 전산프로그램』을 이용하여 감정인명단 중 1인을 무작위로 추출하거나 복수의 감정인 후보를 선정한 후 감정인 후보자의 전문분야, 경력, 예상 감정료 및 당사자들의 의견을 확인하여 감정인을 선정한다. 경우에 따라 다른 사건에 지정된 감정인을 당해 사건 감정인으로 다시 지정함이 상당하다고 인정하여 특정 감정인을 지정할 때도 있다. 감정인은 특별한 사정이 없는 한 상기 절차에 따라 선정된 사람을 감정인으로 지정해야 한다.[26] 다만 양

---

26 감정인등 선정과 감정료 산정기준 등에 관한 예규 제9조

당사자가 합의하여 특정 감정인을 선정하거나 『감정인선정 전산프로그램』에 의하여 선정할 수 없는 경우 예외로 할 수 있다. 이때 법관 및 소송관계자는 감정인의 기술자격과 업무성격에 대한 이해가 필요하다. 감정인이 감정신청내용을 이해하지 못하거나 수행능력이 떨어지는 감정인이 선정될 경우 부실한 감정결과가 도출될 수 있기 때문이다.

4) 감정기일 진행

감정이 채택되고 감정인이 선정되면 당사자는 법원에 감정료를 예납해야 한다. 감정료가 예납되면 법원은 감정인 신문기일을 지정해 감정인을 출석시켜 해당 감정에 대한 전제사실 및 진행방법 등을 확인하고 선서를 받는다. 그리고 감정자료 지정 및 수령방법 등을 확인한다. 당사자 일방이 제시하는 자료는 감정의 공정성이나 객관성에 영향을 미칠 수 있으므로 주의하여야 한다. 이 밖에 당사자 접촉 등 감정인이 주의해야 할 사항을 감정기일을 통해 주지시킨다.

5) 감정진행 및 보완

감정은 준비, 조사, 감정보고서 작성 순으로 진행된다. 준비단계에서는 감정신청사항을 근거로 당사자들에게 자료제출을 요청하고 제출된 자료를 취합한다. 조사과정에 자료와 확인사항 및 전문사실을 근거로 전제사실에 따라 감정인의 전문지식과 경험 및 해당분야 전문법칙을 활용하여 감정결과를 도출하고 이를 감정보고서로 작성하여 법원에 제출한다. 감정보고서를 제출한 후에도 감정인의 업무는 끝나지 않는다. 당사자를 비롯하여 법관이 감정결과에 의문이 있어 사실조회 또는 감정보완을 요청할 수 있기 때문이다. 이 밖에도 감정사항이 누락되는 경우나 감정보고서에 오류가 발생한 경우 감정인 스스로 감정을 보완할 수 있다.

Ⅱ. 건설감정

1. 건설감정

건설감정은 건설소송과 관련하여 법원이 지정한 감정인을 통해 이루어지는 감정을 일컫는다. 건설과정에서 다툼이 발생할 경우 당사자가 아닌 제3자를 통해 상황이나 대상을 확인을 하는 경우가 있다. 그런데 대부분 당사자 중 일방에 의해 선택된 자다 보니 상대당사자는 결과를 불신하는 경우가 많다. 이와 같이 소송 전 당사자들이 진행한 감정을 법원은 사감정으로 규정하여 소송감정과 구분한다. 하지만 모든 사감정을 믿을 수 없는 것은 아니다. 사감정을 통해서도 객관적이고 신뢰할 수 있는 결과를 도출할 수 있다. 게다가 소송감정을 할 수 없는 경우도 있다. 사감정 후 철거나 보수했을 경우다. 이 경우 사감정보고서를 활용하는 것이 불가피할 수 있다. 그리고 법원을 통한 소송감정 또한 전부 신뢰할 수 있는 것은 아니다. 감정인의 자질에 따라 감정결과가 각기 다를 수 있기 때문이다.

건설소송의 유형이 다양한 만큼 건설감정 또한 다양하다. 하지만 다양한 건설감정들은 금액산출이라는 공통점을 갖고 있다. 건설소송의 궁극적 목적이 당사자 이익이며 이는 금액으로 환산되기 때문이다. 문제는 이와 같은 금액이 상황에 따라 달라질 수 있는데 이를 좌우하는 것이 감정이기 때문이다. 그러다 보니 건설감정에 대한 불만은 다른 감정보다 높으며 감정과 관련하여 많은 문제들이 발생하고 있다.

법원은 민사소송 감정인의 지위와 임무,[27] 건설감정인의 지위와 건설감

---

27   정선주, 민사소송절차에서 감정인의 지위와 임무, 한국민사소송법학회지, 2002

정 절차[28] 및 건설감정기준[29] 마련 등 감정과 관련한 다양한 노력을 해왔다. 하지만 건설감정과 관련한 문제들은 계속되고 있다. 그 이유는 감정을 신청하고 진행하는 관계자들이 건설감정을 잘 모르고 감정인이 휘두르는 지식권력에 지배되기 때문이다.[30]

2. 건설감정 특성

건설감정과 다른 감정의 가장 큰 차이점은 감정결과가 돈으로 환산된다는 것이다. 사실 또는 진위여부 확인이 주요 목적인 다른 감정들에 비해 건설감정은 이를 토대로 판결의 근거가 될 수 있는 금액을 제시하기 때문이다.

대부분의 감정은 감정인이 신청사항에 대해 '확인'하고 '판단'한 것에 대한 의견을 제시하는 것으로 끝난다. 그러나 건설감정과 시가 및 경매감정은 여기에 '산출'이 따른다. 차이가 있다면 시가나 경매감정의 경우 금액을 산출할 때 적용할 수 있는 공인된 기준이 있다. 공시지가나 항목별 감가율 등이다. 하지만 공사비 등 감정에는 이와 같은 기준이 없다. 그래서 건설감정이 동일한 감정사항에 대해서도 감정인별로 차이가 발생한다. 감정 종류별 감정내용과 산출기준 유무를 살펴보면 다음과 같다.

---

28 윤재윤, 건설감정인의 지위와 건설감정절차, Jurist387호, 2002

29 서울중앙지방법원 건설감정 실무연구회, 건설감정인 실무연수회 자료집(2004), 건설감정시행에 있어 유의사항(2005), 건설재판실무논단(2006), 건설감정실무(2011), 건설감정실무추록(2015), 건설감정 실무개정판(2016)

30 손은성, 건설소송 감정제도 개선방안에 관한 연구, 광운대학교 박사학위논문, 2017

표 4. 감정별 감정내용 및 산출기준

구분	감정내용			산출기준	비고
	확인	판단	산출		
공사비 등 감정	●	●	●	–	산출기준, 산출방법 없음
시가, 경매 감정	●	●	○	○	공시지가, 감가율 등 공인기준 있음
측량 감정	●	–	–	–	
문서 등 감정	●	●	–	–	
신체, 진료기록 감정	●	●	–	–	

3. 건설감정유형

대부분의 건설감정은 건설소송유형에 귀속된다. 하지만 일부의 경우 소송유형과 감정유형이 일치하지 않는 경우가 있다. 소송유형에서 파생되는 쟁점사항에 따라 감정이 이루어지는 경우가 있기 때문이다.

가. 공사비감정

건설감정 중 가장 큰 비중을 차지하는 것은 공사비감정이다. 이들 대부분은 공사를 진행하는 과정에서 계약내용과 시공이 일치하지 않아 발생한다.

공사가 완료되었을 경우 당초 계약 대비 수량이 증가되었다면 감정을 통해 '추가공사비'를 산출하고 감소되었거나 분할시공 등으로 공사범위가 달라졌다면 '정산공사비'를 산출한다. 공사가 지연되었을 경우 '간접비' 또는 '지연일수' 등을 감정을 통해 산출하며 공사가 중단되거나 계약이 해제된 경우 공사가 이루어진 부분에 대한 '기성고공사비'를 감정을 통해 산출한다. 공사비와 관련된 감정 중 유일하게 산출기준(방법)이 있는 것은 '기성고공사비' 감정이다. 이는 대법원 판례에 따른 것이나 상당수의 감정에서 오류가 발생하고 있다.

나. 하자감정

하자감정은 건축물에 발생한 하자현상에 대해 발생원인, 범위 및 정도 등을 확인하여 보수비용을 산출하는 것이다. 누수나 균열 등 건축물에 발생한 하자에 대해 손해배상을 청구하는 과정에서 진행되는 경우가 대부분이나 공사비소송에 대응하기 위해 하자를 주장하는 경우도 있다. 이 밖에 공동주택 하자보수보증금청구소송에서도 하자감정이 이루어지고 있다.

다. 건축피해감정

건축피해감정은 인접지공사로 피해가 발생한 경우 원인을 확인하고 보수방법 및 보수비를 산출하는 것이다. 일반적인 피해사례는 토지굴착이나 철거과정에서 인접건물에 발생하는 침하, 균열, 누수, 소음 등이 있다. 이 밖에 지하수를 이용하는 수영장이나 목욕탕과 같이 공사가 완료된 후 건물을 사용하는 과정에서 지하수위 변동으로 인접건물이 침하되어 균열 등 피해가 발생하는 경우도 있다.

라. 유익비 및 원상복구비감정

부동산 임대차와 관련하여 임대인과 임차인 사이에 발생한다.

임차인이 자신의 비용으로 임차기간에 해당 부동산을 이용하거나 개량하기 위해 비용을 투입한 경우 계약의 종료나 해지 시 그 비용을 회수할 수 있는 권리[31]를 근거로 유익비를 청구할 때 '유익비 감정'을 신청한다. 반면 임대인은 임차인이 변경시킨 상태에 대해 계약상 원상복구를 의무를 근거로

---

31 민법 제626조(필요비 · 유익비상환청구권)와 646조(부속물 매수청구권)

예상되는 비용을 청구하기 위해 '원상복구비 감정'을 신청한다.

마. 건축측량 · 상태감정

불법건축물현황 및 건축물의 상태를 확인할 필요가 있을 때 하는 감정
이다. 분양면적을 확인하거나 건축물이 인접대지경계선을 침범하였을 경
우, 건물명도와 관련한 미등기 시설물의 점유현황확인 등이 필요할 때 '측
량감정'을 한다. 이 밖에 공사의 진행정도, 시공기준이나 관련 법규에 적합
한지 등의 확인 및 일조 · 조망 또는 소음 · 진동 등 현황확인이 필요할 경
우 '상태감정'이 이루어진다.

바. 설계비 등 용역비감정

건축물을 완성하기 위해서는 건축공사와 더불어 설계 · 감리용역 등 관
련업무가 선행 또는 병행되어야 하는데 여기에는 비용이 발생한다. 그리고
이들 용역을 진행하는 과정에서 계약이 해지되거나 당초 계약금액 변경으
로 분쟁이 발생할 경우 용역비 감정이 이루어진다.

감리용역은 기간을 기준으로 한 계약이므로 공사 중단 또는 계약이 해
지되더라도 용역비 정산이 용이하다.[32] 하지만 설계용역은 성과와 관련한

---

[32] "감리계약이 감리인의 귀책사유 없이 도중에 종료한 경우, 그 때까지의 감리 사무에 대한 보수는 당사
자 사이에 특별한 약정이 없는 한 민법 제686조 제3항의 규정에 따라 이미 처리한 감리사무의 비율에
따라 정해야 하고, 이 경우 감리사무의 처리비율은 관련 법규상의 감리업무에 관한 규정 내용, 전체 감
리기간 중 실제 감리업무가 수행된 기간이 차지하는 비율, 실제 감리업무에 투여된 감리인의 등급별 인
원수 및 투여기간, 감리비를 산정한 기준, 업계의 관행 및 감리의 대상이 된 공사의 진척정도 등을 종
합적으로 고려하여 이를 정산하는 것이 타당하다." 대법원 2001.5.29.선고 200다4001 판결, 대법원
2006.11.23.선고 2004다3925 판결 등

계약이므로 중단되었을 때 용역비를 정산하는 것이 쉽지 않다. 설계용역비 감정은 공사비정산과 유사한 개념으로 계약된 용역범위 중 완료된 범위 및 이와 관련된 업무량을 산출하는 것이다. 공사비정산을 위해서는 수량에 대한 확인이 필요하나 설계용역비를 정산하기 위한 업무량을 산출하기 위해서는 작성된 도면의 종류 및 수량 외 인허가 등 단계별 업무에 대한 평가도 필요하다. 그러므로 설계비 감정을 위해서는 감정인에게 설계업무 전반에 대한 이해와 경험이 필요하다.

사. 공기工期감정

공사기간 연장으로 인한 지체상금청구 및 간접비청구소송에서 지연일수 확인을 위해 '공기감정'을 하는데 건설감정 중 난이도가 가장 높다. 공기감정을 위해 공정관리프로그램을 활용하는 경우가 있는데 감정인이 해당 프로그램에 대한 이해 및 활용법을 모를 경우 감정이 곤란하다. 아울러 감정인이 시공실무와 더불어 감정경험이 많지 않을 경우 감정을 진행하는 것 자체가 쉽지 않다.

아. 설계유사도감정

설계용역이 해제되는 과정에서 설계자 동의 없이 성과물을 토대로 제3자를 통해 유사한 설계를 진행하였을 경우 이들 설계도서의 유사도를 확인하기 위한 '설계유사도감정'이 필요하다. 난이도가 높은 감정으로 설계관련 자격 및 실무경험이 없는 감정인을 통해 진행될 경우 감정결과는 물론 감정의 신뢰도까지 문제가 될 수 있다.

자. 기타 감정

토목이나 플랜트설비 등 건설공사 중 특수 분야 또는 환경과 관련한 분쟁이 발생할 경우 해당분야 전문가를 통한 감정이 필요하다. 이와 같은 경우를 위해 법원에는 별도의 '특수감정인'이 등록되어 있다.[33] 전문소송에서는 해당 분야 전문가를 통해 확인한 증거를 적용하는 것이 공정성 및 객관성 확보를 위해 필요하기 때문이다.

4. 건설감정 기준

감정이 감정인의 지식과 경험에 근거한 것이므로 감정과 관련한 명확한 기준을 제시하기는 쉽지 않다. 하지만 유사한 감정신청사항에 대해 감정인이 다르다는 이유로 감정결과가 달라진다면 기준 없음이 문제가 될 수 있다. 감정결과가 판결금액에 영향을 미치는 건설소송의 경우 더욱 그렇다.

건설감정과 관련한 문제들이 발생하자 법원은 신체/진료기록감정 및 시가 등 감정인선정과 선정절차 등에 대한 연구를 시작으로 2002년 민사소송 감정인의 지위와 임무에 대한 연구,[34] 건설감정인의 지위와 건설감정 절차에 관한 연구[35] 등을 진행하였다. 하지만 이와 같은 연구들은 대부분 절차에 관한 것들로 건설감정에 실질적인 영향을 줄 수 있는 적용기준은 없었다.

---

[33] 감정예규 제47조 이하
[34] 정선주, 민사소송절차에서 감정인의 지위와 임무, 한국민사소송법학회지, 2002
[35] 윤재윤, 건설감정인의 지위와 건설감정절차, Jurist387호, 2002

서울중앙지방법원은 2002년 건설감정실무연수회 개최를 시작으로 2004년 「건설감정인실무연수회자료집」을 시작으로 「건설재판실무논단」을 비롯하여 건설소송 감정인교육과 관련한 「건설감정 시행에 있어 유의사항」[36]과 건축물하자판단 및 감정기준인 「건설감정실무(2011)」,[37] 「건설감정실무추록(2015)」 및 「건설감정실무개정판(2016)」을 제시했다. 유사한 상황에 대해 감정금액 편차가 큰 이유가 감정인별 적용기준이 달랐기 때문이다. 하지만 법원이 제시한 기준이라 하여 감정인을 비롯한 소송관계자 모두가 이를 인정하는 것은 아니었다. 이에 국토교통부는 서울중앙지원 「건설감정실무」에 견줄 수 있는 별도의 하자판단기준인 「공동주택 하자의 조사, 보수비용 산정 방법 및 하자판정기준」을 제시하였다. 하지만 국토교통부가 제시한 기준 또한 긍정적으로 받아들여지지 않고 있다. 동일한 사항에 대해 법원과 국토교통부 기준에 차이가 있고, 작성과정에 객관성과 공정성 및 참여자들에 대한 지식권력통제가 이루어지지 않았기 때문이다.

---

36 강재철, 건설재판실무논단, 서울중앙지방법원, 2006

37 건설 분쟁에서 아파트와 같은 집합건물의 하자 관련 소송은 공사비 소송과 더불어 비교적 소송물 가액이 크고 시행사, 시공사, 보증사, 입주자 등 다수 당사자들의 이해관계가 결부되어 있으며 현재 건설전문사건 중 상당히 큰 비중을 차지하고 있다. 이러한 건설소송의 진행에서 재판부는 하자소송의 경우 하자담보책임의 가장 중요한 요건사실인 '하자'의 존부에 대한 판단은 감정인의 감정결과에 크게 의존하는 경향이 있다. 그런데 특성상 구조, 공법이 비슷하고, 발생형태, 보수방법이 동일한 경우의 하자도 감정인마다 보수비를 산출하는 방식이 다르고, 감정가격에서도 상당히 큰 편차가 발생하는 등 감정기준의 결여로 인해 아래와 같이 각종 문제가 발생하고, 감정에 대한 불신이 초래되어 각종 조회, 감정보완, 재감정 등의 소송이 지연되며, 비용이 과다하게 소요되는 등 사건의 합리적 처리에 지장을 주고 있다. 이는 기성고 감정에서도 유사하다. …중략… 이러한 감정결과의 편차에 대한 문제점들을 합리적으로 개선하는 과정에서 건설감정기준의 마련은 필연적인 상황이다. 객관적이고 과학적인 감정기준이 정립되면 적정한 감정가격이 산정될 것이고 감정에 대한 불신이 해소되어 소송으로 인한 분쟁해결에 상당한 도움을 줄 것이다. 나아가 감정에 대한 예측가능성을 높여서 분쟁을 예방하고 시공자의 품질의식을 높여 건축문화 향상에도 영향을 미칠 것으로 사료된다. 건설감정기준의 필요성, 건설감정실무, 서울중앙지방법원, 2011

가. 서울중앙지방법원 건설감정실무

서울중앙지방법원의 「건설감정실무」는 공동주택 하자소송과 관련하여 감정인마다 다른 감정기준과 이에 따른 감정금액 차이로 인한 재판부의 고민에서 시작되었다. 하자소송의 경우 하자담보책임의 핵심 요건사실인 '하자'의 존부에 대한 판단을 감정인의 감정결과에 의존한다. 그런데 동일한 현상을 하자로 인정하는 것은 물론 감정인마다 보수비 산출방법이 달라 산출된 감정금액의 편차가 심해 감정에 대한 불신이 초래되고 소송지연 및 소송비용 과다 등의 문제가 발생하였다. 이와 같은 문제의 발생 원인이 감정기준, 즉 하자판단 및 보수비 산정기준의 부재에 있다고 판단하여 건설소송실무연구회와 감정인들이 TF를 구성하여 2011년 하자감정을 중심으로 건설감정에 대한 기준인 「건설감정실무」를 제시하였다. 여기에는 하자의 개념 및 유형과 관련법규 등 감정 시 감정인이 고려해야 할 법리적 판단기준과 감정유의사항 외 하자판단기준과 보수방법 및 보수비 산출방법 등 공동주택 하자소송을 비롯하여 건설감정에서 적용할 수 있는 기준을 제시하였다.

「건설감정실무」기준에 따라 감정할 경우 하자판단 및 보수비 산출기준이 동일하므로 유형 및 발생 원인이 유사한 하자에 대해 감정인별 감정금액편차가 줄어들어 감정결과에 대한 불신이 줄어드는 효과가 발생하였다. 이에 힘입어 서울중앙지방법원은 변경된 하자판단기준 및 보수기준 등을 반영한 「건설감정실무추록(2015)」과 「건설감정실무개정판(2016)」을 제시하였다.

나. 국토교통부 하자판단기준

증가하는 공동주택 하자분쟁을 공정하고 신속하게 해결함으로써 사회적 갈등을 조기에 해결하기 위해 국토교통부는 2009년 '하자심사·분쟁조정위원회'를 신설하였다. 그리고 신속한 분쟁해결을 목적으로 하자 여부를 미리 알 수 있도록 2014.01.03. '하자판정기준'을 제시하였다. 하지만 이와 같은 노력에도 불구하고 매년 하자심사·분쟁 접수건수는 증가하였다. 이에 국토교통부는 2014년 국토교통부고시 제2013-930호를 통해 「주택법」 제46조 제8항 및 같은 법 시행령 제60조의3 제3항에 따라 국토교통부 하자심사·분쟁조정위원회에서 공동주택의 내력구조부별 및 시설공사별로 발생하는 하자를 신속하고 공정하게 하자심사 및 분쟁을 조정하기 위하여 하자여부판정, 하자조사방법 및 하자보수 비용 산정에 관한 기준을 정하는 것을 목적으로 「공동주택 하자의 조사, 보수비용 산정 방법 및 하자판정기준」을 제시하였다. 그리고 최초 기준에 언급되지 않은 사항, 반복된 민원사항, 법원 판례와의 일치 등 운영과정상 나타난 문제점을 보완하여 세 차례 (2015년, 2016년, 2020년) 개정되었다. 2020년 개정된 「공동주택 하자의 조사, 보수비용 산정 방법 및 하자판정기준」은 기존 항목 중 일부는 「건설감정실무」기준에 준하도록 개정하고 신규항목을 추가하였다. 하지만 여전히 이들 두 기준에는 차이가 있어 소송으로 이어질 경우 다른 결론이 도출될 수밖에 없는 상황이다.

다. 기성고공사비 산출방법

상기 하자판단기준 외 건설소송에서 인정되는 것은 대법원판례에 따른 기성고공사비 산출방법이다. 하지만 상당수의 감정에서 상기 판례취지와 다른 방법으로 기성고공사비가 산출되고 있어 문제가 되고 있다. 대법원의 기성고공사비에 대한 취지 및 산출방법은 다음과 같다. [38]

> 건축공사도급계약에 있어서 수급인이 공사를 완성하지 못한 상태로 계약이 해제되어 도급인이 그 기성고에 따라 수급인에게 공사대금을 지급하여야 할 경우, 그 공사비 액수는 공사비 지급방법에 관하여 달리 정한 경우 등 다른 특별한 사정이 없는 한 당사자 사이에 약정된 총공사비에 공사를 중단할 당시의 공사 기성고 비율을 적용한 금액이고, 기성고 비율은 공사비지급의무가 발생한 시점을 기준으로 하여 이미 완성된 부분에 소요된 공사비에다 미시공 부분을 완성하는 데 소요될 공사비를 합친 전체 공사비 가운데 완성된 부분에 소요된 비용이 차지하는 비율이다.

기성고 공사비 = 기성고 비율 × 계약금액

$$기성고 \ 비율(\%) = \frac{기\ 시공부분에 \ 소요된 \ 공사비}{기시공 \ 부분에 \ 소요된 \ 공사비 + 미시공 \ 부분에 \ 소요될 \ 공사비}$$

---

38 대법원 1996.1.23. 선고 94다31631,31648 판결 외 다수

제 **3** 장

감정인

영미법에서는 감정인이라는 별도의 용어구분 없이 전문지식에 근거하여 진술하는 자를 증인expert witness으로 분류한다. 그러나 대륙법계에서는 증인과 구분되는 감정인을 통해 독립된 증거방법으로서 감정증거를 규정하고 있다. 우리나라는 민사소송법의 감정과 관련한 별도 규정을 통해 감정증거를 증거방법으로 규정하고 있으나 감정인에 대해서는 원칙적으로 증인증거규정을 준용하도록 하고 있다.[39] 이에 따르면 감정인은 법원에 등록된 자연인으로서 증인과 같은 인증人證에 해당되나 증인과 달리 다른 사람으로 대체될 수 있으며 감정 업무를 통해 이익을 추구하는 차이가 있다.

I. 감정인

1. 감정인등재기준

감정인의 종류 및 감정인 등록신청방법과 관련하여 대법원 온라인감정인등록사이트에 제시된 감정인등재기준은 다음과 같다.[40]

---

39 **민사소송법 제333조(증인신문규정의 준용)** 감정에는 제2절의 규정을 준용한다. 다만, 제311조 제2항 내지 제7항, 제312조, 제321조 제2항, 제327조 및 제327조의2는 그러하지 아니하다

40 https://gamjung.scourt.go.kr

1) 신체/진료기록 감정인

의료소송 감정인은 내과, 외과, 소아 관련, 신경과, 정신건강의학과 및 기타 분야 총 6개과로 분류하며 각 과별로 4개에서 59개 전문분야로 세분하여 감정인을 구분하고 있다. 자격요건은 국·공립병원 및 대학 부속병원 또는 종합병원(관할구역 내에 2개 이상의 국·공립병원이나 대학 부속병원이 없는 경우에 한한다)의 과장 또는 대학의 전임강사 이상의 전문의로서 병원장 추천을 받아 심사 후 등록된다. 보험회사 자문의 또는 근로복지공단 촉탁의와 같이 공정성·중립성 측면에서 신체감정을 수행하기에 부적절하다고 판단되는 전문의들은 제외된다.

표 5. 신체/의료기록 감정인 구분기준

구분	대분류	소분류	비고
신체/ 진료기록 감정인	내과	내분비내과(당뇨), 내분비내과(갑상선), 내분비내과(기타), 신장내과, 순환기내과(심장), 순환기내과(고혈압), 순환기내과(협심증), 순환기내과(동맥경화), 순환기내과(기타), 감염내과(혈액), 감염내과(바이러스), 감염내과(기타), 류마티스내과, 소화기내과(위장), 소화기내과(간장), 소화기내과(대장), 소화기내과(담도), 소화기내과(기타), 알레르기내과(알레르기), 알레르기내과(천식), 알레르기내과(기타), 혈액종양내과, 호흡기내과(폐질환), 호흡기내과(폐결핵), 호흡기내과(기타), 심혈관내과, 혈액내과, 내과(기타)	
	외과	외과(간담췌), 외과(위장관), 외과(대장), 외과(이식혈관), 외과(기타), 신경외과(뇌종양), 신경외과(척추), 신경외과(파킨슨), 신경외과(뇌혈관), 신경외과(기타), 정형외과(슬관절), 정형외과(고관절), 정형외과(척추), 정형외과(어깨), 정형외과(발목관절), 정형외과(손), 정형외과(기타), 성형외과, 흉부외과(심장), 흉부외과(폐), 흉부외과(식도외과), 흉부외과(기타), 이식외과, 내분비외과, 항장외과, 두경부외과	
	소아관련	소아심장과, 소아외과, 소아암과, 소아신장과, 소아청소년과, 소아비뇨기과, 소아정형, 소아흉부외과	
	신경과	신경과(뇌혈관), 신경과(신경), 신경과(파킨슨), 신경과(간질), 신경과(치매), 신경과(뇌졸증), 신경과(기타)	
	정신건강의학과	정신건강의학과(우울증), 정신건강의학과(정신분열), 정신건강의학과(조울증), 정신건강의학과(수면), 정신건강의학과(기타)	

구분	대분류	소분류	비고
신체/ 진료기록 감정인	기타	재활의학과(뇌질환), 재활의학과(근골격계), 재활의학과(척추통증), 재활의학과(기타), 산부인과(불임내분비), 산부인과(부인암), 산부인과(폐경기질환), 산부인과(임신중독증), 산부인과(기타), 비뇨기과(전립선), 비뇨기과(성의학), 비뇨기과(종양), 비뇨기과(배뇨장애), 비뇨기과(기타), 안과(망막), 안과(녹내장), 안과(백내장), 안과(사시), 안과(유리체질환), 안과(안성형), 안과(기타), 이비인후과(이과—귀), 이비인후과(비과—코), 이비인후과(후두과—목), 이비인후과(기타), 치과(구강내과), 치과(구강외과), 치과(치주과), 치과(보철과), 치과(보존과), 치과(소아치과), 치과(기타), 피부과(건선), 피부과(직업피부병), 피부과(모발질환), 피부과(수포성), 피부과(기타), 치료방사선과, 응급의학과, 가정의학과, 핵의학과, 산업의학과, 예방의학과, 진단검사의학과(혈액검사), 진단검사의학과(소변검사), 진단검사의학과(기타), 마취통증학과, 영상의학과(혈관), 영상의학과(복부), 영상의학과(소화기), 영상의학과(근관절), 영상의학과(비뇨기), 영상의학과(흉부), 영상의학과(신경두경부), 영상의학과(근골격), 영상의학과(신경), 영상의학과(기타), 병리과(조직검사), 통증의학과, 기타	

2) 공사비 등의 감정인

건설소송과 관련한 감정을 진행하는 감정인은 건축(시공), 건축(구조·안전), 토목(시공), 토목(구조·안전진단), 토목(기타) 분야로 세분되어 있다. 하지만 의료분야 감정인과 같은 전문분야별 세부기준은 없다.

자격 요건은 국가기술자격 중 건축사·기술사(건축구조·건축시공 등)를 가진 사람으로서 소속단체가 추천한 사람 또는 본인이 신청한 사람 중에서 적절하다고 판단되는 사람이다.

표 6. 공사비 등의 감정인 구분기준

구분	대분류	소분류	비고
공사비 등의 감정인	건축(시공)	–	
	건축(구조.안전진단)	–	
	토목(시공)	–	
	토목(구조.안전진단)	–	
	토목(기타)	–	

(3) 측량 감정인

지적측량 감정인은 측량·수로조사 및 지적에 관한 법률에 따라 등록된 지적측량업자 또는 그 소속 지적기술사, 지적기사, 지적산업기사 이상의 자격을 가진 사람에 한하여 감정인으로 등록된다.[41] 측량 감정인 또한 세부구분 없이 등재기준만 제시하고 있다.

(4) 문서 등의 감정인

문서 등의 감정인은 국가기관연구소 문서감정실에서 5년 이상 감정·연구하였거나 국가기관연구소 문서감정실에서 5년 이상 감정·연구한 사람으로부터 문서감정 등에 관하여 5년 이상 연수받은 사람 중 시설·장비를 갖추어야만 감정인으로 등록될 수 있다.[42]

5) 시가 등의 감정인

동산이나 부동산의 시가를 평가하는 감정인으로 감정평가협회가 추천한 사람에 한하여 심사 후 등록한다. 시가 등의 감정인 세부구분은 없다.

6) 경매 감정인

건물이나 토지 등의 현존가치를 평가하는 감정인으로 감정평가협회가 추천한 사람에 한하여 심사 후 등록한다. 경매 감정인에 대한 세부구분이 없으며 이들 감정인에 대해서는 등재기준 또한 없다.

---

41 국토교통부에 등록된 측량 감정인을 뜻한다.

42 입체현미경, 확대 투영기, 자외선 감식기, 적외선 현미경(또는 적외선 필터) 마이크로 렌즈가 장착된 카메라(또는 확대 컴퓨터), 이화학적 실험기구로 문서감정인 등재기준에 명시되어 있는 6종류의 장비다.

표 7. 분야별 감정인 등록기준

구분	대분류	소분류	비고
신체. 진료기록 감정인	내과	27개과	가. 국 · 공립병원 및 대학부속병원 또는 종합병원(관할구역 내에 2개 이상의 국 · 공립병원이나 대학부속병원이 없는 경우에 한한다) 과장 또는 대학의 전임강사 이상의 전문의 나. 공정성 · 중립성 측면에서 신체감정을 수행하기에 부적절하다고 판단되는 전문의들(예를 들어 보험회사의 자문의, 근로복지공단의 촉탁의 등)은 제외 병원장의 추천을 받아 심사 후 등재
	외과	26개과	
	소아관련	8개과	
	신경과	7개과	
	정신건강의학과	5개과	
	기타	59개과	
공사비 등의 감정인	건축(시공)	–	건축사 · 건축구조기술사 · 건축시공기술사 등의 국가기술자격을 가진 사람으로서 소속단체가 추천한 사람 또는 본인이 신청한 사람 중에서 적절하다고 판단되는 사람 등재신청 모집공고
	건축(구조, 안전진단)	–	
	토목(시공)	–	
	토목(구조, 안전진단)	–	
	토목(기타)	–	
측량감정인	지적측량감정인은 측량 · 수로조사 및 지적에 관한 법률에 따라 등록된 지적측량업자 또는 그 소속 지적기술사, 지적기사, 지적산업기사 이상의 자격을 가진 사람(국토교통부에 들록된 측량감정인)		등재신청 모집공고
문서 등의 감정인	국가기관연구소 문서감정실에서 5년 이상 감정 · 연구한 사람 또는 그로부터 문서감정 등에 관하여 5년 이상 언수받은 사람으로 일정 시설 · 장비를 갖추어야 함		등재신청 모집공고
시가 등의 감정인	동산. 부동산 시가감정		감정평가협회의 추천을 받아 심사 후 등재
경매감정인	건물. 토지등의 현존가치 평가		감정평가협회의 추천을 받아 심사 후 등재
특수감정인	특수분야 감정		재판부 추천 외

2. 감정인등록 확인사항

법원감정인으로 등록되기 위해서는 감정분야별 자격요건과 더불어 법원이 요구하는 증빙자료가 필요하다. 분야별 공통사항 이외에 감정인별로 요구되는 확인사항은 감정분야별로 차이가 있다.

표 8. 감정인 공통 입력항목

구분	입력 항목	비고
기본정보	감정분야, 희망법원, 감정인명, 주민등록번호, 휴대전화번호, 전화번호, 신청자 직업, 이메일, 주소, 사무소명, 사업자등록번호, 사무소전화번호, 팩스번호, 사무소주소, 소송사건 당사자경력, 보험업계 자문경력, 형사처벌 받은 경력	
학력정보	학교명, 학과(전공), 학위, 입학년월일, 졸업년월일, 증빙서류첨부	
경력정보	회사/활동기관명, 경력구분, 기간, 수행업무, 부서, 직책, 증빙서류 첨부, 활동경력, 특기사항	
자격증정보	종목등급명, 발급기관, 자격면허번호, 발급일, 증빙서류 첨부	
증빙서류 첨부	사업자등록증, 업무관련등록신고현황, 납세증명확인서, 이력서(사진첨부필수, 법원감정경력필수기재), 기타증빙서류	

표 9. 감정인별 입력항목

입력항목	공사비등	측량	문서/인영/필적	비고
인력보유현황	○	–	–	
최근2년간 실적	○	–	–	
업무수행과 관련있는 등록, 신고를 한 경우 그 내용	○	–	–	
자본금 및 매출액 등 재무상태 현황	○	–	–	
국가 등 발주처로부터 우수업체로 지정받은 사실 유무	○	–	–	
감정, 연구, 연수 경력여부	–	–	○	
경력	–	–	○	
경력증명사항	–	–	○	
증빙서류첨부	–	–	○	
시설보유현황	–	–	○	

　　감정인등록은 대법원 온라인감정인신청사이트(http://gamjung.scourt.go.kr)를 통해 신청한다. 일반 감정인 등재신청은 매년 감정인명단 등재희망자 모집공고기간 중 할 수 있으며 12월 감정인명단이 확정된다. 신체/진료기록 감정인등록 신청기간은 3월초이며 3월말 감정인명단이 확정된다.

3. 감정인과 감정에 대한 인식

감정인은 일반적으로 법관의 보조자[43] 또는 협력자[44]로 인식되고 있다. 전문지식이 필요한 사건에서 감정인이 제시하는 의견은 법관의 판단에 중대한 영향을 미치기 때문이다. 하지만 이에 대해 부정적인 견해도 있다. 현행 감정절차에서 감정인을 법관의 협력자로 인정하기에는 무리가 있기 때문이다. 감정인을 법관의 협력자로 인정할 경우 감정에 대해 증인에 관한 규정을 준용하는 민사소송법의 교호신문제도와 상치된다. 그런데 감정인을 법관의 보조자나 조력자로만 인정할 경우 감정인에게 객관성과 공정성을 요구하는 것에 한계가 있을 수 있다. 감정인의 전문지식을 재판부가 검증하는 것에는 한계가 있으며, 감정기일이나 신문기일에 이루어지는 선서만으로 감정인에게 법관에 준한 공정성을 요구하는 것이 무리기 때문이다. 하지만 우리나라는 대륙법계 원칙에 따라 감정인을 법원이 선임하고, 사실조회나 감정보완을 통해 감정사항에 대한 확인이나 당사자 의견을 제시할 수 있으며, 소송 당사자가 감정인을 신문할 수 있고, 진술의 객관성을 보장하기 위해 교호신문제도[45]가 적용되므로 사감정이 원칙인 영미법계와 달리

---

43 감정인은 단순한 사실을 보고하는 증인과 달리 법관에게 부족한 전문지식을 전달하여 법관이 올바른 판단을 내릴 수 있도록 도와 주기 때문이다. 그리고 감정인은 다른 증거방법과 달리 법원이 직권으로 명하며 감정인지정과 관련한 당사자 주장에 구속되지 않는다는 전제 때문이다.

44 의료소송이나 환경소송 등 전문지식이 중요한 부분을 차지하는 특정영역에서는 감정인이 판단한 것으로 사건의 결론은 내려지며, 법관은 이것을 법적인 문장으로 포장하는 것뿐이라는 의견에 기인함. 감정인을 '숨겨진 법관(hdimlicher Richter)', 형사소송에서 감정의사를 '하얀 가운의 법관'이라고 여기는 것 등.

45 **민사소송법 제327조(증인신문의 방식)**
① 증인신문은 증인을 신청한 당사자가 먼저 하고, 다음에 다른 당사자가 한다.
② 재판장은 제1항의 신문이 끝난 뒤에 신문할 수 있다.
③ 재판장은 제1항과 제2항의 규정에 불구하고 언제든지 신문할 수 있다.

감정인의 중립성과 객관성이 보장된다고 할 수 있다.

감정은 증거방법의 하나이므로 법관은 자유심증주의 원칙에 따라 감정결과를 검토하고 논리 및 경험법칙에 근거하여 감정결과와 사실관계를 따져 판단할 수 있으며 감정결과에 구속되지 않는다.[46] 그렇지만 의료 등 전문소송에서 자유심증주의 원칙에 따라 감정결과를 배제하는 것은 문제가 될 수 있다. 법관이 법률분야의 전문가일 수 있지만 다른 분야의 전문지식에 대해 판단하는 것은 현실적으로 불가능하기 때문이다. 반면 전문소송에서 감정의 중요성을 고려한 자유심증주의에 대한 비판은 법관의 역할을 지나치게 축소한다는 견해도 있다. 법관이 전문분야의 구체적 지식은 부족하나 논리와 경험칙에 근거해 제출된 자료를 종합하여 감정결과를 판단하는 것이 가능하다고 여겨지기 때문이다. 그러므로 감정결과는 방법 등이 경험칙에 반하거나 합리성이 없는 등의 현저한 잘못이 없는 한 이를 존중해야 한다.[47]

⑷ 재판장이 알맞다고 인정하는 때에는 당사자의 의견을 들어 제1항과 제2항의 규정에 따른 신문의 순서를 바꿀 수 있다.

⑸ 당사자의 신문이 중복되거나 쟁점과 관계가 없는 때. 그 밖에 필요한 사정이 있는 때에 재판장은 당사자의 신문을 제한할 수 있다.

⑹ 합의부원은 재판장에게 알리고 신문할 수 있다.

46 대법원 2002.9.24. 선고 2002다30275 판결 등

47 대법원 2007.2.22. 선고 2004다70420, 70437 판결 등

Ⅱ. 건설감정인

1. 건설감정인 자격

법원은 대법원 재판예규 제1462호(재일2008-1)에 분야별 감정인의 자격을 제한하고 있다. 건설감정을 수행하는 공사비 등의 감정인은 '건축사 · 건축구조기술사 · 건축시공기술사 등의 국가기술자격을 가진 사람으로서 소속단체가 추천한사람 또는 본인이 신청한사람'으로 규정하고 있다.

가. 건축사建築士

건축사법 제2조에 규정된 '건축사'란 국토교통부장관이 시행하는 건축사 자격시험에 합격한 사람으로서 건축물의 설계와 공사감리 등 건축사법 제19조에 따른 업무를 수행하는 사람을 말한다. 건축사법 제19조에 따른 건축사의 업무에는 설계 · 감리 외에도 유지관리, 건설사업관리[48] 등 건축 전반에 대한 사항이 포함되어 있다. 따라서 건축사는 건축과 관련된 대부분의 감정업무가 가능하다.

표 10. 건축사법 제19조에 따른 건축사 업무내용

업무 내용(건축사법 제19조)
① 건축물의 설계와 공사감리에 관한 업무
② ①항의 업무 이외의 다음 각 호의 업무
1. 건축물의 조사 또는 감정(鑑定)
2. 건축물에 대한 현장조사, 검사 및 확인
3. 건축물의 유지 · 관리 및 건설사업 관리
4. 특별건축구역의 건축물에 대한 모니터링 및 감정보고서 작성
5. 기타 법령에서 건축사의 업무로 규정한 사항

---

48 건설산업기본법 제2조 제8호 '건설사업관리'란 건설공사에 관한 기획, 타당성조사, 분석, 설계, 조달, 계약, 시공관리, 감리, 평가 또는 사후관리 등에 관한 관리를 수행하는 것을 말한다.

나. 기술사技術士

기술사법 제2조에 규정된 '기술사'란 해당 기술 분야에 관한 고도의 전문지식과 실무경험에 입각한 응용능력을 보유한 사람으로서 국가기술자격법 제10조에 따라 기술사 자격을 취득한 사람을 말한다. 기술사법 제3조에 명시된 기술사의 직무는 과학기술에 관한 전문적 응용능력을 필요로 하는 사항에 대하여 계획 · 연구 · 설계 · 분석 · 조사 · 시험 · 시공 · 감리 · 평가 · 진단 · 시험운전 · 사업관리 · 기술판단(기술 감정을 포함한다) · 기술 중재 또는 이에 관한 기술자문과 기술지도가 포함되어 있는데 기술사는 건축사와 달리 구체적으로 직무범위가 구분되어 있다. 기술사법에서 규정하고 있는 구체적 기술종목은 81개 분야이며 감정예규에 명시된 기술사의 자격분야는 6개다.

표 11. 등록하여야 하는 기술사의 직무의 종류 및 범위 [기술사법 시행령 별표2-2]

직무종류		직무범위	비고
생산관리		공장관리, 포장, 품질관리	
디자인		제품디자인	
건설	건축	건축구조, 건축기계설비, 건축전기설비, 건축시공, 건축품질시험	
	토목	농어업토목, 토목구조, 토질 및 기초, 도로 및 공항, 상하수도, 수자원개발, 지적, 지질 및 지반, 철도, 측량 및 지형공간정보, 토목시공, 토목품질시험, 항만 및 해안, 해양	
	조경	조경	
	도시 · 교통	교통, 도시계획	
광업, 자원	채광	자원관리, 화약류관리	
	광해방지	광해방지	
기계	기계제작	기계	
	기계장비설비 · 설치	건설기계, 공조냉동기계, 산업기계설비	
	철도	철도차량	
	조선	조선	
	항공	항공기관, 항공기체	
	자동차	차량	
	금형 · 공작기계	금형	

직무종류		직무범위	비고
재료	금속 · 재료	금속가공, 금속재료, 금속제련, 세라믹	
	용접	용접	
	도장 · 도금	표면처리	
화공		화공	
섬유		섬유, 의류	
전기, 전자	전기	발송배전, 전기응용, 전기철도, 철도신호	
	전자	산업계측제어, 전자응용	
정보 통신	정보기술	정보관리, 컴퓨터시스템응용	
	통신	정보통신	
식품		수산제조, 식품	
농림 어업	농업	농화학, 시설원예, 종자	
	축산	축산	
	임업	산림	
	어업	수산양식, 어로	
안전 관리	안전관리	가스, 건설안전, 기계안전, 산업위생관리, 소방, 인간공학, 전기안전, 화공안전	
	비파괴검사	비파괴검사	
환경, 에너지	환경	대기관리, 소음진동, 수질관리, 자연환경관리, 토양환경, 폐기물처리	
	에너지 · 기상	기상예보, 방사선관리, 원자력발전	

표 12.   감정예규에 명시된 기술사의 자격분야

구분	수행직무	비고
건축시공기술사	건축시공분야	
건축구조기술사	건축구조분야	
건설안전기술사	건설안전분야	
토목시공기술사	토목시공분야의 토목기술	
토목구조기술사	토목구조분야의 토목기술	
도로 및 공항기술사	도로 및 공항 분야의 토목기술	

2. 감정유형별 감정인

건설소송이 전문소송이므로 감정 또한 분야별 전문 감정인을 통해 이루어져야 하는데 그렇지 않아 시간과 비용이 투자된 감정 자체가 무용지물이 되는 경우가 발생하고 있다. 이는 감정을 수임하는 감정인은 물론 감정인을 선정하는 과정에서 감정인의 전문성에 대한 인식이 부족하기 때문이다.

의료감정인의 경우 등록기준부터 전문분야가 세분화되어 있어 감정인 후보자를 선정하는 것이 용이하다. 쟁점사항 대부분이 문제가 발생된 분야(과)이며 해당 감정인자격과 일치하기 때문이다. 즉 외과수술 중 발생한 의료분쟁일 경우 외과전문의자격을 가진 감정인을 선정하면 된다. 하지만 건설감정은 그렇지 않다.

건설감정인은 건축사나 기술사 자격소지자로만 제시되어 있을 뿐 각각의 전문분야에 대한 구분이 없다. 그래서 현행 감정인후보자선정시스템에서는 건설감정인으로 등록되어 있으면 설계나 시공 또는 건축이나 토목 등 전문분야에 상관없이 감정인 후보자가 될 수 있다. 물론 3인의 감정인 후보자 중 적임자를 선택하는 과정에서 감정인의 전문성이 확인되기도 하며 감정인들 중에는 분야를 아울러 전문성을 갖춘 경우도 있다. 하지만 자신의 전문분야가 아닌 감정인을 통해 감정이 이루어지는 경우 문제가 발생되고 있다. 이를 방지하기 위해서는 감정유형별 전문분야에 대한 이해가 필요하다.

가. 공사비감정

공사비감정 대부분은 시공과 관련되어 있다. 건물을 짓는 과정에 많은 변수들이 발생하기 때문이다. '기성고공사비감정'의 경우 판례를 통해 산출방법이 제시되어 있다. 하지만 '추가 및 정산' 등을 이해하기 위해서는 설계도면과 더불어 시공 실무에 대한 이해가 필요하다. 그러므로 공사비감정은 시공경험 및 관련자격이 있는 감정인을 통해 이루어지는 것이 바람직하다.

나. 하자감정

하자를 파악하기 위해서는 시공에 대한 이해와 더불어 감정인의 다양한 경험이 필요하다. 하자현상은 나타나 있는데 원인을 확인하기 어려운 상황이 있기 때문이다. 공사가 완료되어 벽체 내부나 지반 등에 묻혀있는 부위를 확인할 수 없는 경우 현상과 유사사례 등을 근거로 원인을 파악해야 하는데 이때 시공에 대한 경험이 필요하다. 그러므로 하자감정은 시공경험 및 관련자격이 있는 감정인을 통해 이루어지는 것이 바람직하다.

다. 건축피해감정

건축피해 대부분은 인접한 건축물 공사 중 발생한다. 터파기 과정에서 지하수위변동 및 지반침하로 건물이 기울거나 균열 등 피해가 발생할 수 있다.

건축피해감정 중 터파기공사가 완료되어 추가적인 변위가 발생하지 않을 경우 현장을 이해할 수 있는 시공경험과 관련자격이 있는 감정인을 통해 이루어지는 것이 바람직하다. 하지만 공사가 진행되고 있어 변위가 진행 중이거나 싱크홀 등과 같이 토질 및 기초에 대한 추가확인이 필요할 경우 시공경험과 더불어 토목 등 관련 자격이 있는 감정인을 통해 이루어지는 것이 바람직하다.

라. 유익비 및 원상복구비 등 감정

유익비 및 원상복구비는 현상과 당초 상태를 기준으로 비용을 산정하는 것이므로 설계는 물론 시공에 대한 이해가 필요하다. 원래상태(원상)와 더불어 현재상태에 대한 자료(설계도면, 자재목록, 사진 등)가 없는 경우 감정인에게는 시공 및 공사 관행에 대한 이해가 필요하기 때문이다. 따라서 유익비 및 원상복구비감정은 설계는 물론 시공경험이 있는 감정인을 통해 이루어지는 것이 바람직하다.

마. 건축측량 · 상태감정

불법건축물현황 및 건축물의 상태는 설계도면과 관련법규를 기준으로 판단한다. 그러므로 이들 감정은 설계분야 전문자격이 있는 감정인을 통해 이루어지는 것이 바람직하다.

바. 용역비(설계 & 감리) 및 설계유사도 감정

용역비(설계비 및 감리비) 감정을 위해서는 설계와 감리업무 전반에 대한 이해가 필요하다. 그러므로 용역비감정은 설계분야 전문자격이 있는 감정인을 통해 이루어지는 것이 바람직하다. 설계유사도 감정을 위해서는 설계능력 및 실무경험이 필요하므로 설계분야 전문자격과 설계경험 및 유사사례 감정경험이 있는 감정인을 통해 이루어지는 것이 바람직하다.

사. 공기工期감정

공기감정은 건설감정 중 가장 난이도가 높은 감정으로 시공은 물론 공종 간 관련성 및 인허가절차 등 건설 프로세스 전반에 관한 이해와 경험이 없을 경우 사실관계파악도 어렵다. 그러므로 공기감정은 시공분야 전문자격과 공기감정 경험이 있는 감정인을 통해 이루어지는 것이 바람직하다.

아. 기타 감정

토목이나 플랜트설비 및 환경관련 감정의 경우 해당분야 전문가를 통해 감정이 이루어져야 한다. 같은 구조물이라 하더라도 토목구조물이나 발전설비 등은 일반 건축구조물과 차이가 있기 때문이다. 이와 같은 분야의 전문가는 '특수감정인'으로 구분되어 있거나 관계기관에 등록되어 있는 경우가 있으므로 확인을 통해 감정인을 선임하는 것이 바람직하다.

건설감정의 문제와 발생원인

건설감정의 문제를 한마디로 표현하면 부실감정이다. 부실감정은 표면적인 것과 본질적인 문제가 원인이 되어 발생한다. 표면적 문제는 대부분 감정인과 관련되어 있다. 그래서 그동안 문제가 발생하면 모든 원인이 감정인에게 있다고 여겨졌으며 이를 개선하기 위해 법원은 노력을 해왔다. 하지만 여전히 부실감정은 발생하고 있다. 본질적 문제가 해결되지 않기 때문이다. 본질적 문제는 그동안 논의되지 않았다. 표면적 문제만으로도 부실감정을 설명할 수 있었기 때문이다. 하지만 병인病因에 해당하는 본질적 문제가 남아있다면 증상症狀에 해당되는 표면적 문제를 치유하더라도 문제는 계속될 것이다. 그런데 본질적 문제는 법원과 감정인의 노력만으로 해결할 수 없다. 감정신청 당사자와 대리인 및 법관을 포함한 소송관계자 모두와 관련되어 있기 때문이다.

Ⅰ. 건설감정의 표면적 문제

1. 부적격한 감정인의 선정

부실감정은 감정결과, 즉 감정인 의견의 신뢰도가 낮아 감정결과를 증거판단의 자료로 활용할 수 없는 것이다. 감정의 신뢰도는 감정결과와 감정보고서를 통해 확인된다. 이 중 신뢰도를 좌우하는 것은 감정결과, 즉 감정인의 의견이다. 감정인의 의견이 객관적이지 않고 상식이나 통례에 어긋나 소송관계자들이 납득할 수 없다면 신뢰할 수 없다. 이와 더불어 신뢰도를 측정할 수 있는 것이 감정보고서에 포함된 근거자료다. 감정보고서에는 감정인의 의견이 명확히 제시되어야 하며 이에 대한 관련근거가 포함되어야 한다. 법관을 포함한 소송관계자가 감정보고서만으로도 감정 전반에 걸친 상황은 물론 어떻게 감정결과가 도출되었는지 확인할 수 있어야 하기 때문이다. 그러므로 감정보고서에는 당사자들의 주장과 이에 대한 상황을 확인할 수 있는 사진이나 현황도 및 감정인의 판단근거가 되는 자료 등이 첨부되어야 한다. 그리고 이를 통해 산출된 감정금액에 대한 수량산출서와 일위대가 등 관련근거도 제시되어야 한다. 그런데 간혹 이와 같은 근거자료 없이 감정결과만 제시된 감정보고서가 제출되는 경우가 있다. 이럴 경우 감정인 의견의 객관적이고 논리적 인과관계를 확인할 수 없다. 혹여 감정결과가 타당하더라도 전체적으로는 부실감정에 해당된다. 주관식 문제에 답은 있는데 풀이과정이 없는 것과 같기 때문이다. 그러므로 감정결과와 감정보고서 둘 중 하나라도 신뢰할 수 없다면 부실감정에 해당한다.

부실감정이 발생하는 원인은 부적격감정인이 선정되기 때문이다.[49] 법원은 매년 서류심사를 통해 감정인을 등록한다. 하지만 이때 감정인의 전문분야나 감정경력에 대해서는 구분하지 않는다. 건축사와 기술사 자격만 갖추면 분야나 능력의 구분 없이 '공사비 등의 감정인'으로 등록한다. '공사비 등의 감정인'은 기술자격만 있으면 감정에 대한 지식이나 경험이 없어도 법원에 감정인으로 등록될 수 있다. 그런데 법원은 감정인명단을 공개하지 않는다. 그래서 이들 감정인의 전문자격은 물론 분야별로 몇 명의 감정인이 등록되어있는지 알 수 없다. 그리고 국내에는 감정인과 관련한 협회나 단체가 없다. 그러다 보니 소송관계자가 감정인의 자질을 확인할 수 있는 근거는 예상 감정료산정서 제출 시 첨부되는 감정인이력서가 전부다. 하지만 여기에는 자신이 해왔던 감정들에 대한 평가는 없다.[50] 즉 감정인의 감정이력을 확인할 수 있는 근거가 없다. 부실한 감정을 했던 감정인이 다른

---

49 부적격 감정인이 발생하는 제도적 원인은 두 가지다. 부실한 교육과 감정인에 대한 관리부재다. 현재 우리나라에는 건설감정을 배울 수 있는 전문 교육기관이나 커리큘럼이 없다. 하지만 감정인은 자격만 갖추면 될 수 있다. 그러다 보니 대부분의 감정인이 건설감정에 대한 이해는 물론 절차나 기준 등에 대해 백지상태에서 감정을 시작한다. 법원에 감정인으로 등록되고 감정인으로 선정되면 주변의 감정인이 작성했던 감정보고서나 사례를 참고로 자신의 감정을 하는 것이 일반적인 상황이다. 문제는 참고했던 사례가 부실감정에 해당되었을 경우다. 해당사례가 신규 감정인에게 각인될 수 있기 때문이다. 물론 같은 유형의 감정을 반복하며 경험을 통해 스스로 잘못된 것들을 발견하고 개선할 수 있다. 그리고 또 다른 감정인의 사례를 참고할 수 있다. 하지만 이 또한 쉽지 않다. 감정보고서가 소송자료에 해당되므로 원칙적으로 공개되지 않기 때문이다. 그래서 다른 감정인의 사례를 통해 배우는 것에도 한계가 있다. 게다가 자신의 경험을 통해 배우는 것도 쉽지 않다. 경험이 쌓이려면 같은 유형의 감정을 많이 해봐야 하는데 여기에는 많은 시간이 필요하다. 하지만 감정인의 50% 이상이 년 평균 5건 미만의 감정을 수행하고 있으며, 감정유형 또한 다양한 현실을 고려할 때 자신의 사례를 통한 유형별 케이스스터디 또한 어렵기 때문이다.

50 감정인등선정과 감정료산정기준 등에 관한 예규에는 감정이 종료되면 해당 감정인에 대한 평정표를 작성하도록 규정되어있다. 하지만 그렇지 못한 경우가 많다. 혹여 평정표가 작성되더라도 이에 대한 체계적이고 지속적인 관리는 이루어지지 않고 있다. 해당 소송에서 증거로 활용하지 않으면 그만이기 때문이다.

사건 감정인으로 선정되는 것은 물론 자신의 전문분야가 아닌 감정을 하거나 감정외주를 통해 진행할 경우 문제가 발생할 수 있다.

부적격감정인과 관련된 문제 중 가장 심각한 것은 감정외주다. 이는 법원의 허락 없이 자신의 감정을 다른 감정인에게 일괄로 의뢰하는 것이다. 감정외주가 문제인 이유는 지정된 감정인이 감정을 주도할 수 없기 때문이다. 자신이 확인한 사항이 아니기 때문에 내용파악은 물론 근거를 제시함에 있어 한계가 있을 수밖에 없다. 반면 감정을 외주받아 실제로 감정보고서를 작성한 감정인은 원 감정인의 감정료에 비해 낮은 금액으로 감정을 해야 하므로 업무충실도가 떨어질 수밖에 없다. 더욱이 감정보고서가 자신의 이름으로 제출되는 것이 아니기 때문에 감정에 대한 책임감 또한 기대할 수 없다. 그래서 당초 계약범위에 해당하는 감정내용은 물론 사실조회 등 대가를 벗어나는 업무에 대해서 불성실할 가능성이 높다.

부적격감정인이 선정될 경우 소송기간이 길어지는 문제가 발생할 수 있다. 감정보고서가 제출되었다고 감정이 끝난 것이 아니다. 제출된 감정보고서에 대해 당사자는 물론 법관이 사실조회나 감정보완을 요청할 수 있기 때문이다. 감정내용이 충실할 경우 사실조회나 감정보완이 필요하지 않다. 혹여 확인이 필요하더라도 감정인이 신속하게 회신할 수 있다. 하지만 감정이 부실한 경우 사실조회사항이나 횟수는 증가할 수밖에 없다. 게다가 감정인에게는 당초 감정이 부실했기 때문에 회신에 더 많은 노력이 필요하다. 그리고 이와 같은 노력은 시간으로 대체될 수밖에 없으므로 회신기간은 길어질 수밖에 없다. 감정외주로 감정인이 해당 감정에 대한 이해가 부족할 경우 납득할 수 없는 회신을 하거나 회신할 때마다 다른 의견을 제시하는 경우도 있다. 간혹 이와 같은 상황이 불편하여 사실조회를 회피하거나 감정료잔액을 포기하는 경우도 있으며 이로 인해 불가피하게 재 감정을 해야 하는 경우도 발생하고 있다.

2. 감정기간의 장기화

　부실감정과 더불어 소송관계자를 힘들게 하는 것은 감정기간이 길어지는 것이다. 감정을 신청한 당사자는 감정결과가 빨리 나오기를 기대한다. 시간이 돈이기 때문이다. 그런데 건설감정은 다른 감정에 비해 많은 시간이 소요된다. 현장조사와 감정금액산출 등에 상당한 시간이 필요하기 때문이다. 감정인이 자료제출을 요청하고 당사자들이 제출한 자료를 확인하는데도 시간이 소요되며 조사일정을 확정하는 시간도 필요하다. 감정인과 양측 당사자는 물론 소송대리인의 스케줄 조정이 필요하며 기상 등 현장여건도 고려해야 한다. 그래서 건설감정은 감정신청사항이 많지 않더라도 기본적인 기간이 필요하다. 그리고 감정할 사항에 따라서도 기간이 달라진다. 감정항목이 많고 복잡하며 실험 등이 필요할 경우 감정기간은 길어질 수밖에 없다.

　감정기간이 길어지는 주원인은 부적격한 감정인이 선정되기 때문이다. 감정인이 해당분야의 전문성이 부족할 경우 더 많은 노력이 필요하며 이는 시간으로 대체될 수밖에 없다. 게다가 감정외주의 경우 감정기간은 더 길어질 수 있다. 외주감정인을 찾는 데 시간이 필요하며 찾더라도 외주감정인의 일정에 맞춰 감정이 진행될 수밖에 없기 때문이다. 이 밖에 감정을 신청하지 않은 당사자로 인해 감정기간이 길어지는 경우가 있다. 합의된 일정을 일방적으로 변경하거나 세대내부 및 철거 등 감정과 관련된 업무에 협조하지 않기 때문이다.

3. 과다한 감정료

건설감정에서 소송 당사자들이 접하는 문제에 과다한 감정료가 있다. 이로 인해 감정이 무산되는 사례도 발생하고 있다. 과다한 감정료가 건설감정의 문제로 인식된 것은 공동주택 하자소송감정을 통해서였다.[51] 감정료가 고액인 것과 더불어 동일한 감정사항에 대해 감정인별로 제시하는 감정료 편차가 심했기 때문이다.[52] 감정사항의 난이도나 감정규모에 따라 고액의 감정료가 발생할 수 있다. 매우 전문적이거나 조사·실험 등 부대비용이 발생할 수 있기 때문이다. 문제는 감정수준에 비해 감정료가 과다한 경우이다.

과다한 감정료는 감정신청당사자는 물론 감정인에게도 문제가 될 수

---

51 감정료는 '감정인 등 선정과 감정료 산정기준 등에 관한 예규(재일 2008-1)'에 근거하여 감정인들 스스로가 예상 감정료를 책정한다. 예규에 따르면 감정인의 자격에 따라 『공공 발주 사업에 대한 건축사의 업무범위와 대가기준』 중 감정에 관한 업무의 대가규정 또는 『엔지니어링사업 대가의 기준』에서 정한 실비정액가 산 방식으로 산출하도록 되어있다. 하지만 상기 대가기준에 따라 산정된 감정료에 대해서도 법원이나 당사자들은 적정성을 판단할 수 없다. 『공공 발주 사업에 대한 건축사의 업무범위와 대가기준』을 따를 경우 공사비 등에 대한 감정료 산정기준이 없으며, 『엔지니어링사업 대가의 기준』에 따를 경우 감정인들의 업무를 실비정액가산방식으로 판단할 수 없다. 그리고 감정인의 능력에 따라 감정에 소요되는 노력이나 시간이 차이가 있어 소요시간의 적정여부를 판단할 수 없고, 감정인의 등급별 보수기준 또한 없기 때문이다.

52 건설감정료 표준안 마련을 위한 심포지엄, 서울중앙지방법원, 2015, 32면

있다. 많은 비용을 지불하고 감정을 진행하였는데 감정결과가 만족스럽지 않을 경우 당사자에게는 불만이 생길 수 있으며 감정인 또한 감정료에 구속될 수 있다. 감정신청자와 감정인 사이에 고용관계가 작용할 수 있기 때문이다. 반대의 경우도 발생할 수 있다. 과다한 감정료로 인해 감정인과 감정신청자 사이에 지식을 통한 권력관계가 작용할 수 있기 때문이다.[53]

---

53 손은성, 건설소송 감정제도 개선방안에 관한 연구, 광운대학교 박사학위논문, 2017

Ⅱ. 건설감정의 본질적 문제

본질적 문제로 부실감정이 발생하는 이유는 세 가지다. 질문이 잘못되거나 방법이 잘못되거나 확인하지 않기 때문이다. 즉 감정신청의 오류와 감정방법의 오류 및 확인소홀이다. 그리고 이들 문제는 감정인뿐만 아니라 감정을 신청하는 당사자와 법관 등 소송관계자 모두와 관련되어 있다.

1. 감정신청의 오류

감정신청의 오류는 감정신청 당사자와 이를 채택하는 법관과 관련된 문제로 감정이 불가능하거나 부적절한 감정이 신청되고 진행되는 경우가 있다.

감정의 요건에서 확인한 바와 같이 건설감정을 위해서는 감정인 외 감정사항과 전제사실이 필요하다. 감정사항은 감정을 신청하는 사람이 제시하며 전제사실은 감정목적에 따라 당사자는 물론 법관의 확인을 통해 제시된다. 주어진 질문에 대해 주어진 조건 안에서 의견을 제시하는 것이 감정이므로 원칙적으로 감정인은 스스로 감정신청사항과 전제사실을 만들 수 없다. 그러므로 감정을 신청하는 당사자는 감정목적 및 쟁점에 부합하고 감정이 가능한 사항에 대해 감정을 신청해야 한다.

감정신청의 오류는 감정사항이 특정되지 않았거나 부적절한 전제사실에 따라 감정을 신청하는 것이다. 감정사항이 특정되지 않은 경우는 대부분 하자감정에서 발생하고 있다. 감정신청인이 하자의 종류나 발생부위, 현상 등을 명시하지 않고 "기타하자" 등과 같이 표기하는 경우다. 감정을 신청한 당사자는 감정인이 현장조사를 통해 스스로 하자를 발췌하여 감정해주기를 기대한다. 하지만 그와 같은 행위는 공정성에 문제가 발생할 수 있으므로 감정인은 특정되지 않은 사항에 대해 임의로 감정할 수 없다. 그러므로 감정 신청 시 쟁점과 감정목적에 부합하는 항목별 감정신청사항을 제시해야 한다.

전제사실은 건설감정에서 매우 중요한 요건이다. 전제사실에 따라 감정결과는 물론 감정가능여부도 달라질 수 있기 때문이다. 그러므로 전제사실이 부적절할 경우 감정신청사항은 물론 이에 따른 감정결과 또한 부적절할 수밖에 없다. 그런데 이처럼 중요한 전제사실을 이해하지 못해 감정신청에 오류가 발생하고 있다. 전제사실이 부적절하여 감정신청의 오류가 발생하는 것은 주로 공사비 감정이다. 확인이 불가능한 사항이나 시점, 계약의 성격 등을 배제하여 감정을 신청하기 때문이다. 이와 같은 경우 감정경험이 많은 감정인은 감정신청사항에 문제가 있음을 사전에 고지하여 당사자로 하여금 수정토록 하거나 경미한 착오일 경우 관련사항을 감정보고서에 명시하고 감정신청사항을 조정하여 감정을 진행하기도 한다. 하지만 모든 감정인에게 이를 기대할 수는 없다.

2. 감정방법의 오류

감정신청사항에 문제가 없더라도 감정방법에 오류가 있다면 잘못된 감정결과가 나올 수밖에 없다. 이들 대부분은 감정인과 관련되어 있다. 구체적인 감정방법을 결정하는 것이 감정인이기 때문이다.

건설감정결과는 정답이 아니라 납득할 수 있는 감정인의 의견이다. 그런데 감정인은 다양한 분야의 개인들로 각자가 보유한 전문지식과 경험에는 차이가 있다. 그리고 감정인들 수준 또한 확인할 수 없기 때문에 감정방법이 다를 수 있으며 감정결과 또한 같거나 동일한 수준일 것이라 기대할 수 없다. 하지만 그럼에도 불구하고 감정결과는 납득할 수 있어야 하므로 항목별 감정결과는 일관적이며 감정방법은 객관적이고 논리적이어야 한다. 그리고 대법원 판례에 따른 기성고공사비 산출방법이나 건설감정실무에 따른 하자판정기준과 같이 통용되는 기준이 있을 경우 이에 따라 감정을 해야 한다. 하지만 그렇지 않은 경우들이 발생하여 문제가 되고 있다.

간혹 감정 신청자들이 감정방법을 제시하는 경우가 있다. 그런데 그 방법이 부적절할 경우 감정결과는 잘못될 수밖에 없다. 물론 감정과정에서 감정인이 절차를 통해 신청사항을 보완하여 바로잡을 수도 있다. 하지만 모든 경우에서 이를 기대할 수는 없다. 그러므로 소송 당사자는 물론 법관은 감정 전 감정인을 통해 감정방법의 적정성확인 및 보완을 통해 감정방법의 오류로 인한 부실감정이 발생하지 않도록 노력이 필요하다.

3. 확인소홀

감정신청의 오류나 감정방법의 오류가 건설이나 감정의 전문성과 관련되었다면 확인소홀은 소송 당사자와 법관과 관련된 일반적인 것으로 건설감정의 모든 문제를 발생시키는 도화선과 같다. 여기서의 확인은 감정 전반에 걸친 것으로 감정결과는 물론 감정 전 사전확인이 포함된다. 확인은 감정절차 매 단계마다 필요하기 때문이다.

소송 당사자는 감정感情이 앞서다 보니 논리나 실익을 확인하지 않고 감정鑑定을 신청하는 경우가 많다. 이로 인해 감정을 할 수 있는 여건이 안 되는 감정을 신청하거나 논리성이 결여된 주장을 근거로 부적절한 감정을 신청하여 시간과 비용을 낭비하는 경우가 있다.

감정을 신청했다면 다음엔 감정인을 선정해야 하는데 이때 필요한 것이 감정인의 전문분야와 감정경험 등을 확인하는 것이다. 대부분의 경우 소송 당사자들은 감정료를 우선으로 감정인을 선정한다. 이와 같을 경우 자신의 전문분야가 아니거나 경험이 부족한 감정인이 선정될 수 있으며 이는 부실감정으로 이어질 수 있다.

감정인이 선정되면 다음 절차는 감정기일이다. 감정기일은 소송관계자가 감정인은 물론 감정신청사항, 전제사실, 감정방법 등 감정 전반에 걸쳐 사전확인을 할 수 있는 매우 중요한 날이다. 하지만 상당수의 감정이 촉탁으로 진행되다 보니 상기 사항들을 확인하지 않아 문제가 발생하고 있다.

감정보고서가 제출되어도 확인은 필요하다. 감정인도 실수할 수 있기 때문이다. 그런데 소송 당사자나 법관이 건설의 비전문가인 관계로 감정보고서에 대해 무엇을 어떻게 확인해야 하는지 알지 못해 문제가 발생하고 있다.

상기 사항들은 감정 전全 단계에서 소송 당사자와 법관을 통해 이루어져야 하는 것들로 대부분은 사전확인에 해당한다. 시작이 반이라는 말은 준비가 중요함을 뜻하는 것이다. 그렇다면 감정에서의 시작은 사전확인이다. 그런데 이처럼 감정의 절반을 차지하는 사전확인이 제대로 이루어지지 않아 문제가 발생하고 있다.

제 **5** 장

건설감정 단계별 확인사항

감정인에 대한 교육이나 법원의 감정인관리 등 제도와 관련하여 발생하는 문제를 소송관계자들이 관리하기에는 한계가 있다. 하지만 확인소홀이 원인이 되어 발생하는 문제는 소송관계자들의 노력으로 개선할 수 있다. 소송 당사자나 법관이 건설과 감정에 대해서는 비전문가일지라도 쟁점과 감정목적 등 해당 소송 전반에 관해서는 감정인보다 전문가다. 그리고 무엇보다 감정을 위해 시간과 돈이라는 비용을 지불하며 감정결과를 소송에 활용하는 것은 감정인이 아니라 소송 당사자와 법관이다. 그러므로 소송 당사자와 법관은 감정 전全단계에 걸친 확인을 통해 부적절한 감정신청은 물론 부적격 감정인으로 인한 부실감정이 발생하지 않도록 노력해야 한다.

소송 당사자들이 감정에 대해 확인하는 것은 쉽지 않다. 감정절차부터 복잡하기 때문이다. 당사자들 중에는 감정이라는 절차 자체를 모르거나 감정의 필요성을 인식하지 못하는 경우도 있다. 그러다 보니 감정을 해야 하는 상황이 되더라도 무엇을 어떻게 감정해야 하는지, 누구를 통해 해야 하는지, 그 과정에 무엇이 필요한지 잘 모른다. 상황이 이와 같을 경우 면밀한 확인은 기대할 수 없다. 확인도 알아야 할 수 있기 때문이다. 하지만 감정은 절차에 따라 이루어지므로 단계별로 확인해야 할 사항이 무엇인지 알 수 있다면 이를 확인하여 감정과 관련된 문제와 소송관계자의 노력은 물론 소송시간도 단축할 수 있다.

I. 감정 신청 전

감정에는 비용이 따른다. 소송 당사자에게는 감정료와 시간이라는 비용이, 법관에게는 노력과 시간이라는 비용이 발생한다. 비용으로 가장 큰 영향을 받는 것은 감정을 신청하는 소송 당사자다. 감정을 통해 이익은 물론 손해도 발생할 수 있기 때문이다. 감정으로 손해가 발생되는 경우는 생각보다 많다. 확인이 불가능하거나 실익이 없는 부적절한 감정을 신청하기 때문이다. 문제는 이와 같은 부적절한 감정신청이 소송관계자의 비용부담과 더불어 부실감정으로 이어진다는 것이다. 그리고 대부분의 부적절한 감정신청은 감정 전前 확인부재로 발생한다.

1. 감정의 가능성 확인

감정대상을 확인할 수 없을 때는 감정 자체가 불가능하다. 감정은 상태와 같은 사실에 근거하기 때문이다. 물론 전제사실에 따라 감정결과는 물론 감정가능여부가 달라질 수 있다. 하지만 특별한 경우를 제외하고 확인된 사실에 근거하지 않은 감정은 증거자료로서 가치가 없다.

[감정신청의 오류 - 2. 감정의 가능성 및 감정신청사항의 논리성 미확인 참조]

기성고공사비감정에서 공사가 중단된 시점의 상태를 확인할 수 없다면 감정을 할 수 없다. 주장만으로 수량을 산출할 수 없기 때문이다. 하자감정 또한 그렇다. 보수가 완료된 상태에서 하자를 주장할 경우 하자가 발생했을 때의 상태와 범위를 확인할 수 있는 사진 등 관련 자료가 필요하다. 최소한 발생사실을 확인할 수 있는 자료라도 제시되어야 이에 대한 전제사실을 수립하고 이를 근거로 보수비를 산출할 수 있기 때문이다.

감정 대상이 존재하더라도 확인할 수 없는 상황이면 감정이 불가능하다. 현장조사 시 사용자가 동의하지 않으면 조사를 할 수 없다. 감정인에게는 강제로 조사할 수 있는 권한이 없기 때문이다. 그리고 확인해야 할 대상이 감정신청 당사자소유라 하더라도 감정인이 임의로 철거하여 확인할 수 없다. 감정인에게 확인시켜줘야 할 책임은 감정을 신청한 측에 있기 때문이다.

2. 감정의 필요성 확인

당사자들이 스스로 감정을 철회하는 경우는 두 가지다. 감정비용을 부담할 수 없거나 감정을 통해 얻을 수 있는 실익이 없다고 여겨지는 경우다.

소송에서 실익은 청구금액 대비 감정금액과 소송비용으로 파악할 수 있다. 이 중 감정금액은 감정결과가 나온 후에야 알 수 있지만 소송비용은 감정 전에도 추정이 가능하다. 소송비용에는 수임료, 인지대, 부대비용 및 감정료 등이 포함된다. 그런데 나 홀로 소송이 아닌 이상 이들 소송비용 중 유일하게 선택이 가능한 것은 감정료다. 그러므로 건설소송에서 실익은 감정실익이라 할 수 있다.

감정실익은 청구금액 중 감정료가 차지하는 비중으로 확인할 수 있다. 감정료가 고액이더라도 다투는 금액이 클 경우 감정실익이 발생할 수 있다. 그러나 반대일 경우 시간과 비용만 허비할 가능성이 크다. 그러므로 감정신청 전 감정실익을 확인하는 것은 소송 당사자들에게 당연한 일이다. 하지만 감정료는 당사자가 결정하는 것이 아니며 감정인에 따라 달라진다. 그러다 보니 그동안은 감정인이 예상감정료산정서를 제출하기 전에는 감정료를 알 수 없었다. 그런데 2015년 서울중앙지방법원에서 건축피해, 기성고, 일반건축물하자, 집합건축물하자. 추가공사대금 등 5개 분야에 대한 건설감정료표준안을 제시하였다.[54] 이를 활용할 경우 건설감정 중 5개 분야에 대해서는 예상 감정료를 추정할 수 있다. 그리고 상기 5개 외 건설감정에 대해서는 소송가액을 기준하여 감정료를 추정할 수 있다.[55]

[감정신청의 오류 – 3. 감정유형 미확인 참조]

감정실익을 확인할 때에는 감정료 외 부대비용 발생가능성도 고려해야 한다. 감정에는 감정인에게 지급되는 감정료 외 별도의 시험비와 원상복구 비용이 발생할 수 있기 때문이다. 시험비는 추가감정료로 청구될 수 있으며 원상복구는 감정을 신청한 당사자 책임이다. 그러므로 추정한 예상 감

---

54 감정료 문제를 개선하기 위해 2015년 서울중앙지방법원은 건축피해, 기성고, 일반건축물 하자, 집합건축물하자. 추가공사대금 등 5가지 감정분야에 대해 건설감정료 표준안을 제시하였다. 하지만 건설감정이 상기 5개 분야만 있는 것은 아니다. 공사비, 유익비, 설계비 등 감정료 표준안이 제시되지 않은 분야가 있으며, 제시된 기준 또한 산출기준이 감정현실과 맞지 않는 경우가 많다. 그리고 상기 표준안이 전문성에 대한 고려 없이 동일한 기준을 적용하여 감정료를 제한하는 것에 대한 우려도 있다. 이에 다투는 금액 즉 소송가액을 기준한 예상 감정료 추정을 통해 감정 신청인의 감정료 수용범위와 감정인 후보자들이 제시한 감정료를 비교해 보는 것도 방법일 것이다.

55 손은성, 건설소송 감정제도 개선방안에 관한 연구, 광운대학교 박사학위논문, 2017

소송가액 대비 감정료 기준비율(%)

구분	소송가액 적용구간				비고
	3천만 원 미만	3천만 원 이상 1억 미만	1억 이상 5억 미만	5억이상 100억 미만	
소송가액 대비 감정료 기준비율(%)	20%	10%	5%	2%	

정료가 크지 않더라고 별도의 비용이 발생할 가능성을 고려한 감정실익 확인이 필요하다.

감정료가 크지 않고 감정료 외 별도의 비용이 발생하지 않더라도 감정으로 기대되는 이익이 크지 않을 수 있다. 상당수 공사비소송에서 방어를 목적으로 상대 당사자가 하자감정을 신청하는 경우가 있다. 이때 감정실익과 관련하여 확인해야 할 것들이 있다. 하자가 실제로 발생하였는지, 발생된 하자의 정도는 어떠한지, 발생시점은 언제인지, 그리고 주장하는 하자가 객관적 하자에 해당하는지 등이다. 하자가 미미할 경우 감정을 통해 확인한 보수비가 감정료보다 적을 수 있다. 그리고 감정신청인의 사용이나 관리책임기간 중 발생된 하자에 대해서는 상대방에게 책임을 물을 수 없다. 이 밖에 색상이나 무늬 등 주관적 기준에 따라 주장하는 하자에 대해서는 감정이 곤란하다. 그러므로 감정신청 전 이와 같은 사항에 대한 확인이 필요하다.

소송 전체의 실익에 대해서도 확인이 필요하다. 대부분의 감정은 소송 당사자의 신청으로 이루어지며 원·피고 모두 감정을 신청할 수 있다. 하지만 경우에 따라 당사자 양측에 감정으로 기대되는 이익이 작거나 없을 수 있다. 이와 같을 경우 시간과 비용만 낭비하는 결과가 되므로 소송 당사자들은 물론 법관 또한 이에 대한 확인이 필요하다.

이 밖에 사실조회를 통해 확인이 가능한 경우 별도의 감정이 필요하지 않을 수 있다. 공동주택하자소송이 종결되면 이에 따른 구상금청구소송이 발생하는 경우가 있다. 발주자나 원도급시공자가 하자보수책임이 있는 하도급시공자에게 구상금을 청구하는 경우다. 이때 하자의 책임주체가 누구인지 밝히기 위해 감정을 신청한다. 즉 항목별 하자의 발생 원인이 설계인지 시공인지 구분이 필요하기 때문이다. 이 경우 별도의 감정 없이 당초 하자소송 감정보고서를 확인하여 구분할 수 있다. 하자소송 감정에는 항목별로 발생 원인이 구분되어 있기 때문이다. 그리고 부득이 감정인을 통한 확인이 필요할 경우 당초 감정인에게 사실조회나 추가감정을 요청하여 진행하는 것이 효율적이다. [감정신청의 오류 - 4. 감정의 필요성 미확인 참조]

3. 감정신청사항의 논리성 확인

감정이 가능하고 감정실익도 있다고 여겨지면 감정을 신청해야 하는데 이때 확인해야 하는 것이 감정과 관련된 논리성이다. 당사자들의 주장은 주관적인 경우가 많다. 그리고 상황에 따라 다른 주장을 하거나 기존의 주장을 번복하는 경우도 있다. 하지만 감정과 관련된 주장과 근거는 객관적이고 일관성이 있어야 한다.

감정의 전제사실과 신청사항에 논리적 오류가 있으면 감정결과에서도 오류가 발생한다. 감정결과가 전제사실에 기초한 논리적 추론에 따른 감정인의 의견이기 때문이다. 따라서 전제사실은 발생된 사실과 시간순서 등의 인과관계에 부합하고 논리적이어야 하며 감정신청사항 또한 그래야 한다. 그러므로 소송 당사자는 감정신청사항과 전제사실에 논리적 모순이 있는지 확인하여 감정을 신청해야 하며 법관 또한 이를 확인하여야 한다.

[감정신청의 오류 - 5, 6. 감정신청사항의 논리성 미확인-1, 2 참조]

증거보전과 관련하여 감정을 신청할 경우 감정의 가능성 및 필요성과 더불어 감정신청시점과 감정기준시점이 감정목적에 부합하는지 확인해야 한다. 장마철을 대비하여 긴급한 보수가 필요하거나 상대방의 훼손가능성으로 인해 증거보전감정을 신청할 경우 신속한 감정진행이 필요하다. 그렇지 않을 경우 소송 당사자는 물론 해당 건물을 사용하고 있는 실제 이용자들에게 피해가 발생할 수 있기 때문이다. 반면 공사 중지 또는 정산 후 상대방의 후속공사가 이루어진 상태에서 공사비와 관련하여 증거보전감정이 신청된 경우 감정신청시점과 감정기준시점에 대한 확인이 필요하다. 증거보전취지에 따라 감정신청시점을 기준으로 감정이 이루어질 경우 감정신청인이 시공한 수량과 감정시점에 시공된 수량에 차이가 발생할 수 있기 때문이다. [감정신청의 오류 – 1. 감정목적과 감정신청사항 및 감정시점 미확인 참조]

Ⅱ. 감정인 선정

감정가능성과 감정의 필요성 및 논리성 등을 확인하여 감정을 신청하였다면 다음 단계는 감정인을 선정하는 것이다.

감정에서 감정인이 차지하는 비중은 무엇보다 크다. 감정인에 따라 감정결과가 달라질 수 있기 때문이다. 그러므로 감정인을 선정할 때에는 감정인의 전문성과 경험 등 자질에 대한 고려가 우선되어야 한다. 그런데 소송관계자들에게는 이를 확인할 수 있는 정보가 부족하다. 그리고 당사자에게는 감정료가 감정인선정에 중요한 요소로 작용하다 보니 부적격 감정인이 선정되어 결과적으로 비용이 증가하는 경우도 발생하고 있다.

감정인은 후보자들 중에서 당사자들 의견을 반영하여 법관이 지정한다. 그러므로 당사자는 물론 법관 또한 감정인 선정과 관련하여 다음과 같은 사항에 대한 확인이 필요하다.

1. 감정인의 전문성 확인

건설감정을 할 수 있는 사람은 '건축사'와 '기술사'다. 그런데 감정인 등록기준에는 자격요건만 있을 뿐 감정분야에 대한 세부기준이 없다. 그러다 보니 '건축사'와 '기술사' 자격만 있으면 법원에 감정인으로 등록하고 있으며 전문분야와 상관없이 감정인으로 선정되고 있다. 심지어 안전관리가 전문인 '산업안전기술사'를 공사비나 하자의 감정인으로 선정하는 경우도 있다. 이는 부실감정이나 감정외주를 전제로 감정인을 선정하는 것과 같다.

감정인을 선정할 때에는 해당 감정의 목적에 부합되는 전문자격과 해당분야 실무 또는 감정경험 유무를 확인하여야 한다. 하자의 경우 하자현상에 대한 공정별 인과관계가 불분명한 경우가 많으며 시간이라는 요소가 더해져 원인을 찾는 것이 쉽지 않다. 이와 같을 경우 시공실무나 감정경험이 부족한 감정인으로 인해 부실감정이 발생할 수 있다. 그리고 발전소나 공장 등과 같은 플랜트 시설은 일반건축물과 달리 주요 공정이 건축이 아니라 설비나 전기 등일 경우도 있다. 이와 같은 경우 쟁점사항이 무엇이냐에 따라 감정인의 전문분야를 확인하여 선정해야 한다.

분야별 전문가의 협력을 통한 감정이 필요한 경우도 있다. 건설이 건축뿐만 아니라 토목, 설비, 전기 외에도 다양한 공종이 협력하여 성과물을 만드는 행위이기 때문이다. 이와 같은 경우 전문분야별로 감정인을 구분하여 감정을 하는 것이 바람직하며 총괄감정인을 선정하여 감정보고서 작성 및 감정 전반에 대해 관리할 수 있도록 확인할 필요가 있다.

● 감정신청사항 키워드

건설감정인은 자격에 따라 전문분야가 구분된다. 따라서 감정 또한 분야별 전문가를 통해 이루어져야 한다. 그런데 감정을 신청하는 당사자는 물론 대리인과 법관은 어떠한 자격의 감정인이 해당감정에 적격한지 구분하기 어려울 수 있다.

건축사는 설계와 관련된 전문가다. 건축물의 설계도를 작성하는 것과 설계 전 용도, 규모, 관련법규 및 사업성검토와 같은 업무에서 전문성을 발휘한다. 그러므로 설계비, 용역비 및 유사도 등의 감정은 건축사자격을 갖춘 감정인을 통해 이루어지는 것이 바람직하다.

기술사의 전문분야는 시공과 구조설계로 구분된다. 시공기술사는 설계도면에 따라 구조물을 직접 만드는 것이 전문이다. 그리고 구조기술사는 설계도를 작성하기 위한 구조계산 즉 용도에 따른 구조부재의 강도, 크기, 형태 등을 수리적으로 해석하여 구조계산서 등으로 구현하는 전문가다. 그러므로 공사비 및 하자감정 등에는 시공기술사가 전문이며 구조기술사는 구조계산 및 구조설계의 안전성 등과 관련한 감정에 전문성을 발휘할 수 있다.

이처럼 건설감정인은 자격에 따라 전문분야가 다르므로 감정 또한 자격에 따라 구분하는 것이 바람직할 것이다. 그러나 소송관계자들이 이를 구분하는 것은 쉽지 않다. 하지만 감정신청사항에 사용되는 용어를 통해 감정인의 전문자격을 구분할 수 있다. 즉 감정신청사항의 키워드를 기초로 감정인자격을 구분할 경우 감정인선정에 도움이 될 것으로 여겨진다. 감정 분야별 키워드와 적격한 감정인 자격은 다음과 같다.[56]

표 13. 건설감정 키워드별 감정인 자격

구분	감정분야별 키워드	감정인 자격	비고
공사비 등 감정인	(건물) 하자, 공사비, 기성고	건축시공기술사	건축시공
	(건물) 구조안전, 구조설계	건축구조기술사	건축구조
	설계비, 감리비, 용역비, 유사도	건축사	건축설계
	(옹벽, 도로, 항만, 댐 등) 하자, 공사비, 기성고	토목시공기술사	토목시공
	(옹벽, 도로, 항만, 댐 등) 구조안전, 구조설계	토목구조기술사	토목구조
	(토질, 흙막이, 붕괴 등) 하자, 구조안전 등	토질 및 기초 기술사	건축토목

---

56 건축, 토목 외 설비, 전기 및 플랜트 등 전문분야 감정의 경우 해당 공종관련 기술사를 통해 감정이 이루어지는 것이 바람직하다.

2. 감정인 제출자료 확인

감정인 선정 전 제출되는 자료는 이력서와 예상감정료산정서다. 감정료는 감정방법과 감정여건 및 감정인에 따라 달라질 수 있다. 그래서 감정인에 따라 상기 자료 외 의견서나 감정계획서를 제출한다. 하지만 소송관계자 대부분은 감정인의 이력서와 예상감정료산정서만 확인하여 감정인을 선정한다. 그런데 문제는 감정인의 의견서와 감정계획서를 확인하지 않아 발생한다.

의견서나 감정계획서에는 감정방법은 물론 감정신청사항에 대한 의견과 확인이 필요한 사항들이 포함된다. 그리고 감정기간, 감정조건 등 감정료 산출의 근거도 포함되어 있다. 감정인으로서는 계획서를 통해 감정에 대한 전제조건을 제시하는 것이다. 그리고 감정계획서에 제시된 감정방법을 통해 감정인의 자질을 확인할 수 있다. 이와 같은 사항은 감정기일을 통해 확인이 이루어지는 경우도 있다. 하지만 감정촉탁으로 진행할 경우 감정인이 해당 감정에 대해 제대로 이해하고 있는지 확인할 수 있는 근거는 이와 같은 감정인이 제출한 자료 뿐이다. 그런데 이처럼 중요한 자료를 확인하지 않아 문제가 발생하고 있다. [감정신청의 오류 - 6. 감정인 제출자료 미확인 참조]

이 밖에 감정인이 추가감정이나 감정료 외 부대비용 발생가능성을 계획서에 제시하는 경우도 있다. 중앙지방법원의 건설감정료표준안에는 '변경사항 및 변경사유'가 있어 해당 기준에 따른 금액과 달리 증액 또는 감액할 경우 사유와 산출기준을 제시하도록 하고 있다. 그래서 건설감정료표준안에 따른 예상 감정료를 제시할 경우 감정료 외 추가감정료 발생 가능성 및 원상복구비 제외 등 감정조건을 명시하고 있다. 하지만 해당 양식과 달리 감정료를 산출할 경우 이와 같은 사항들은 의견서나 계획서에 명시하는 경우가 많다. 그러므로 소송관계자들은 감정인 선정 전 감정인이 제출한 자료 모두를 확인할 필요가 있다.

Ⅲ. 감정기일

감정인 중 상당수는 감정기일을 법원에 출석하여 감정인선서를 하는 날 정도로 인식하고 있다. 하지만 감정기일은 감정인뿐만 아니라 당사자들과 법관에게도 매우 중요한 날이다. 감정기일을 통해 감정신청사항은 물론 전제사실 등 감정과 관련한 것들을 확인하고 보완할 수 있으며 해당 감정인의 감정에 대한 이해 및 수행가능 여부를 확인할 수 있기 때문이다. 더욱이 감정기일은 부적격감정인으로 인한 건설감정의 문제를 줄일 수 있는 기회며 감정인에게도 시간과 노력을 줄일 수 있는 매우 중요한 절차다. 그러므로 부득이한 경우가 아닐 경우 감정기일은 감정인을 포함한 소송관계자 모두를 위해 진행되는 것이 바람직하다.

1. 감정인 확인

감정기일은 당사자들에게는 감정인을 처음 만나는 날이며 법관에게는 경우에 따라 처음이자 마지막으로 만날 수 있는 날이다. 감정기일을 통해 소송관계자들은 비로소 누구를 통해 감정이 이루어지는지 알 수 있다. 다투는 금액이 큰 사건의 경우 대부분 감정기일을 진행한다. 그런데 소액사건의 경우 촉탁으로 진행되는 경우가 많다. 상대적으로 쟁점이 복잡하지 않다고 여겨지기 때문이다. 하지만 부실감정 중 부적격감정인이 원인이 되는 상당수의 경우가 감정인을 확인하지 않아 발생한다.

감정인이 해당분야 전문가가 아니더라도 납득할 수 있는 감정결과가 도출된다면 문제되지 않을 수 있다. 하지만 현실적으로 비전문가가 적확한 의견을 제시하는 것은 쉽지 않다. 그래서 감정인 후보자 선정단계에서부터 감정인의 전문분야와 경력 등을 살펴보는 것이다. 하지만 소송 당사자들과 법관이 감정사항과 이에 따른 감정인의 전문분야를 구별하는 것은 쉽지 않다. 더욱이 감정료 또한 만만치 않을 경우 감정신청인으로서는 가장 낮은 감정료를 제시한 감정인을 선정하는 경우가 많다. 이때 당사자들이 놓치기 쉬운 것이 있는데 바로 감정업무가 용역업이라는 것과 용역비와 성과물은 비례할 확률이 높다는 것이다. 낮은 감정료가 제시되는 이유는 두 가지다. 감정인이 경험이 많아 업무효율이 높거나 감정경험이 없어 잘 모를 때다. 반대로 터무니없이 높은 감정료는 감정인이 감정을 기피하거나 감정외주를 계획할 경우다.

감정외주는 법원이 지정한 감정인과 실제 감정보고서를 작성한 감정인이 다른 것으로 감정인에 대한 정보가 부족하기 때문에 발생한다. 즉 감정인의 전문분야는 물론 감정인이 누구인지 조차 모르는 상태에서 감정이 이루어지기 때문이다. 감정인은 자신의 전문분야가 아닌 사항에 대해서는 감정을 하면 안 된다. 그리고 자신에게 주어진 감정을 법원의 허락 없이 타인에게 위임할 수 없다.[57] 협업이 필요할 경우 사전에 이를 알리고 법원의 허락을 받은 후 진행해야 한다. 이는 감정의 전문성과 함께 감정인에게 책임감을 부여하기 위함이다. 그러나 감정외주는 감정을 한사람과 감정보고서에 명시되는 감정인이 일치하지 않으므로 외주감정인에게는 해당 감정에

---

[57] **민사소송법 제335조의2 (감정인의 의무)** ① 감정인은 감정사항이 자신의 전문분야에 속하지 아니하는 경우 또는 그에 속하더라도 다른 감정인과 함께 감정을 하여야 하는 경우에는 곧바로 법원에 감정인의 지정 취소 또는 추가 지정을 요구하여야 한다.
② 감정인은 감정을 다른 사람에게 위임하여서는 아니 된다.

대한 책임이 없다. 이는 감정보고서는 물론 감정보완이나 사실조회가 부실할 가능성이 높다는 것을 의미한다. 감정촉탁의 경우 당사자들도 현장조사 당일에야 감정인이 누구인지 알게 되므로 간혹 감정보조자나 외주감정인을 해당사건 감정인으로 오인하는 경우도 있다. 실제로 감정촉탁으로 진행된 사건에서 부실감정과 사실조회 회피로 감정인 심문을 진행하였는데 심문기일에 출석한 감정인이 현장조사에 참석한 감정인과 다른 것으로 확인된 사례도 있다. [감정신청의 오류 - 8. 감정인 미확인 참조]

감정인 본인 여부를 확인하였다면 해당 감정인에 대한 객관성과 중립성 및 독립성을 확인하는 것도 필요하다. 이는 감정이 감정인의 견해에 근거하기 때문이다. 감정인이 그동안 다른 사건 감정에서 원고나 피고 한쪽에 치우친 의견을 제시해 왔다면 객관성과 중립성에 문제가 발생할 가능성이 있다. 그리고 감정인의 업무 중 감정 외 진행 중인 설계나 감리 업무가 당사자들과 관련성이 있는지도 확인이 필요하다. 해당 감정과 관련하여 감정인의 독립성이 침해될 가능성이 있기 때문이다. 물론 이와 같은 문제가 모든 감정인에 해당되는 것은 아니며 과거 사례가 반복되는 것도 아닐 것이다. 하지만 감정을 신청하고 절차를 진행하는 입장에서는 다각적인 방면의 검토가 필요하다. 경우에 따라서는 이와 같은 우려가 있음에도 해당 감정인을 통한 감정이 불가피한 경우도 있을 수 있다. 그럴 경우 법관은 해당 감정이 객관적이고 공정하게 이루어질 수 있도록 감정인 스스로 판단할 수 있는 기회를 주거나 감정인에게 주의를 요구할 필요가 있다.

2. 감정신청사항 및 전제사실 확인

감정기일에는 감정신청사항과 전제사실을 확인해야 한다. 감정결과가 감정신청사항과 전제사실에 따라 달라질 수 있기 때문이다.

잘못된 감정신청사항은 감정신청 전 감정신청사항의 논리성 확인과정에서 놓치거나 글로 표현하는 과정에서 발생한다. 감정의 목적이 납득할 수 있는 결과를 얻는 것이므로 감정신청사항이 잘못되었다면 바로잡아야 하며 그 시기는 감정 전이 바람직하다.

감정신청사항에 오류가 없더라도 감정인이 오인할 경우 부실감정이 발생한다. 그러므로 감정기일에 감정인이 감정신청사항을 잘 이해하고 있는지, 감정인이 이해하고 있는 것이 해당 사건 쟁점과 당사자 주장과 부합되는지 확인이 필요하다. 경험이 많은 감정인의 경우 감정신청사항에 문제가 있거나 추후 다툼의 여지가 있는 신청사항에 대해서는 예상 감정료산정서 제출 시 의견서를 제시하거나 감정기일에 법관 및 당사자들에게 확인을 요청한다. 감정인이 임의로 감정신청사항을 수정할 경우 공정성에 문제가 발생할 수 있기 때문이다. 하지만 모든 감정인에게 이와 같은 것을 기대할 수 없으므로 소송 당사자와 법관은 감정기일을 통해 확인할 필요가 있다.

감정신청사항과 더불어 확인해야 할 것은 전제사실이다. 감정과 관련된 전제사실은 두 가지다. 하나는 감정을 통해 확인하고자 하는 감정신청사항에 대한 전제사실과 감정방법에 대한 전제사실이다. 감정신청사항에 대한 전제사실은 감정신청 전 확인해야 하는 사항이다. 하지만 해당 시점에 확인하지 못했을 수도 있다. 그리고 전제사실이 부적절할 수 있다. 그러므로 감정기일에 감정신청 당사자와 감정인을 통해 감정신청사항에 대한 전제사실을 다시 확인할 필요가 있다. 감정방법에 대한 전제사실은 감정인에게 확인시켜야 한다. 즉 감정금액 산출의 기준이 되는 감정시점, 적용기준, 관련도면 등에 대한 확인이다. 공사비나 하자보수비 등은 감정기준시점에 따라 재료비와 노무비 등 단가가 달라지므로 산출금액에 차이가 발생할 수 있다. 그리고 감정기준이 되는 도면이 무엇이냐에 따라 미시공이나 변경시공 여부가 달라질 수 있다. 공동주택하자소송에서 감정기준 도면이 사업승인도면이냐 사용승인도면이냐에 따라 감정금액은 엄청난 차이가 발생할 수 있다.

감정신청사항과 전제사실은 감정에 있어 가장 기본이 되는 사항이다. 이와 같은 기본사항을 확인하지 않을 경우 당초 목적과 다른 기준으로 감정이 이루어질 수 있다. 그리고 이런 상황이 발생할 경우 감정보완이나 추가 또는 재 감정 등으로 인해 비용 발생은 물론 소송기간 또한 길어질 수밖에 없다. 그러므로 법관은 감정기일에 감정인과 감정신청 당사자에게 감정신청사항과 전제사실을 확인하고 감정을 진행하여야 한다.

3. 감정기간 확인

감정인과 감정신청사항 및 전제사실을 확인한 후 추가로 확인해야 하는 것은 감정기간이다.

감정을 신청한 당사자에게는 시간이 돈이다. 감정보고서가 늦게 제출되면 기일진행이 늦어질 수밖에 없다. 그리고 감정보고서가 제출되더라도 감정보완이나 사실조회 등에 시간이 필요하다.

감정에 소요되는 기간은 일반적으로 3개월 정도다. 감정사항이 단순할 경우 단축될 수 있으며 확인할 사항이 많거나 실험 및 여러 분야가 병합된 감정일 경우 더 길어질 수 있다. 감정인들 중에는 감정계획서를 통해 감정에 소요될 기간을 제시하나 그렇지 않은 경우가 더 많다. 쟁점이 복잡하지 않는데 장기간 동안 진행된 사건들 중에는 감정기간이 주요 원인인 경우가 있다. 소규모 건축물 하자감정보고서가 감정촉탁일로부터 1년 만에 제출된 경우도 있는데 이는 소송 당사자는 물론 법관에게도 피해를 불러온다. 그러므로 법관은 감정기일에 감정인에게 감정기간을 확인하고 감정보고서 제출기한을 제시할 필요가 있다.

Ⅳ. 감정보고서 제출 후

감정보고서가 제출되었다고 감정이 끝난 것은 아니다. 감정보고서가 감정목적에 맞게 작성되었는지 확인과 보완이 필요하기 때문이다.

법관을 비롯한 소송관계자들은 건설의 전문가가 아니므로 감정보고서를 완벽하게 이해하는 데 한계가 있을 수밖에 없다. 그리고 감정인이 기준한 근거자료가 소송 당사자 상대방이나 법관이 알고 있는 것과 다를 수 있으며 감정인도 실수를 할 수 있으므로 감정보고서에 대한 확인이 필요하다.

1. 감정신청사항 및 전제사실 확인

감정보고서가 제출되면 감정서의 감정사항과 전제사실이 당초 감정신청서와 감정취지에 부합하는지 확인해야 한다. 대부분의 경우 감정기일을 통해 감정신청사항과 전제사실을 확인한다. 하지만 감정촉탁의 경우 확인이 배제된다. 그리고 감정과정에서 당사자에 의해 감정신청사항이 변경되는 경우가 있다. 게다가 감정인이 감정사항을 임의로 수정하거나 전제사실을 오인하는 경우도 있다. 이와 같은 경우 감정결과가 쟁점이나 감정목적에 벗어날 수 있기 때문이다.

감정신청사항이 변경되는 대부분의 사유는 감정신청인이 전문지식이 부족하여 생각하고 있는 것을 전문용어로 표현하는 데 한계가 있기 때문이다. 그러다 보니 현장조사나 감정진행 중 감정인이 당사자들에게 확인하는 과정에서 감정목적과 신청사항이 부합하지 않는 것이 밝혀지는 경우가 있다. 이때 경험이 많은 감정인은 양측 당사자와 대리인에게 상황을 설명하고 감정신청사항을 수정할 것인지 확인하여 감정을 진행한다. 그리고 수정된 감정신청사항에 대해서는 사안이 중요할 경우 재판부에 이를 통보한다. 하지만 중복되거나 연관성이 있는 감정사항 등 당초 감정목적에 벗어나지 않는 경미한 사항에 대해서는 감정인이 감정신청사항을 조정하고 감정보고서에 변경 전·후 감정신청사항을 명시한다. 오해나 불필요한 사실조회가 발생할 수 있기 때문이다. 하지만 그렇지 않은 경우 문제가 발생할 수 있다.

[감정방법의 오류 – 6. 감정신청사항과 감정내용 불일치 참조]

전제사실 또한 확인이 필요하다. 기준이 되는 도면이나 시점에 따라 감정결과가 달라질 수 있기 때문이다. 감정기일에 감정의 전제사실과 이에 부합하는 감정자료를 확인했다 하더라도 문제는 발생할 수 있다. 당사자들의 오해로 잘못된 자료가 제시되었을 수 있으며 감정인 또한 감정과정에서 실수를 할 수 있기 때문이다. 그러므로 감정보고서가 제출되면 감정기일 등에 확인한 전제사실과 자료가 감정인이 기준한 것과 일치하는지 확인해야 한다.

2. 감정방법 및 관련근거 확인

감정보고서가 제출되면 해당 감정에 적용한 방법이 감정목적과 전제사실에 부합하는지 확인해야 한다. 감정방법에 따라 감정결과가 달라질 수 있기 때문이다.

공사비소송은 계약내역서가 없는 경우가 많으며 계약금액조차 확정되지 않은 경우도 있다. 그래서 공사비감정은 설계도면이나 시공현황을 기준으로 표준품셈에 따라 공사비를 산출하는 것이 일반적이다. 그러나 그럴 수 없는 경우도 있다. 표준품셈이 없거나 특수한 공사 또는 특허공법 등으로 업체가 품셈을 공개하지 않을 경우 부득이 업체견적을 차용할 수밖에 없다. 하지만 설계도면은 물론 시공현황이 있있고 품셈 등을 적용할 수 있음에도 평당 공사비와 연면적을 기준으로 공사비를 산출하거나 비교견적을 통해 감정금액을 제시하는 경우는 부적절한 감정방법에 해당된다.

[감정방법의 오류 – 1. 당사자 주장금액 집계를 통한 감정금액 산출 참조]
[감정방법의 오류 – 2. 업체 비교견적을 통한 감정금액 산출 참조]

이 밖에 동일한 감정에서 항목별로 산출기준이 다를 경우 감정의 신뢰도는 낮을 수밖에 없다.　　　　　[감정방법의 오류 – 4. 항목별 산출기준 상이 참조]

기성고공사비감정의 경우 판례에 따른 산출기준이 있음에도 감정인이 임의의 기준에 따라 감정하는 사례가 많다. 감정인이 기성고공사비에 대한 이해가 부족하기 때문이다. 이는 부실감정에 해당되며 감정보완이 필요하다.

[감정방법의 오류 – 3. 계약기준 배제 및 임의할증 참조]

감정보고서는 법관의 이해를 돕기 위한 것이며 건설감정결과 대부분은 논리적 추정에 따른 감정인의 의견이므로 추정근거를 객관적으로 설명할 수 있어야 한다. 하지만 감정인이 감정보고서의 내용을 법관이나 소송당사들에게 일일이 설명할 수 없다. 그러므로 감정보고서에는 해당 보고서에 사용된 용어의 정리, 감정인의 판단기준 및 관련근거 등이 제시되어야 한다. 아울러 감정인의 판단이 객관적이지 않거나 임의의 기준에 따라 이루어진 경우에도 그와 같은 기준을 적용한 이유와 관련 근거 등을 보고서에 제시해야 한다. 법관이나 소송 당사자들이 감정보고서만으로도 어떻게 감정결과가 도출되었는지 알 수 있어야 하기 때문이다.

[감정방법의 오류 - 5. 불분명한 근거 참조]

감정결과로 제시된 금액 또한 근거가 분명해야 한다. 이를 위해서는 항목별로 감정인이 확인한 사항과 이에 대한 의견 및 산출금액에 대한 근거가 제시되어야 한다. 즉 감정금액이 어떻게 산출되었는지 추적할 수 있어야 한다. 따라서 감정보고서에는 감정금액에 대한 내역서가 반드시 포함되어야 한다. 감정금액을 산출하는 방법은 공사비 내역서를 작성하는 것과 동일하다. 현장조사와 도면확인을 통해 감정항목별 수량을 산출한 뒤 일위대가를 작성하고 기준시점의 단가 등을 적용하여 금액을 산출한다. 이 과정 발생하는 것이 내역서이기 때문이다.

감정보고서에는 내역서 외에도 조사시점의 상태를 확인할 수 있는 현황도와 부위 및 항목별 사진이 포함되어야 한다. 법관이 현황을 확인하기에는 한계가 있으며 경우에 따라 감정인의 조사 후 원상회복이나 보수가 이루어져 감정시점의 상태를 확인할 수 없기 때문이다. 간혹 내역서나 사진 등 관련근거 없이 감정결론만 제시되는 감정보고서들이 있다. 이와 같을 경우 감정결과가 타당하더라도 이를 확인할 수 없으므로 감정에 대한 신뢰도는 낮을 수밖에 없다. 그리고 감정보고서 작성과정에서 입력오류나 프로그램 오류로 감정금액과 산출금액이 차이가 날 수 있다. 이와 같을 경우 산출근거가 없다면 확인할 수 없다. 그러므로 감정보고서가 제출되면 당사자들은 감정결과는 물론 이에 대한 근거가 감정보고서에 포함되었는지 확인해야 한다.

3. 사실조회 및 감정보완

감정보고서가 제출되면 당사자는 물론 법관 또한 감정내용과 관련 근거를 확인한다. 그리고 감정내용 중 불분명하거나 당사자들의 이견 및 보완이 필요한 사항에 대해서는 사실조회나 감정보완을 신청한다.

사실조회의 사전적 의미는 개인에게 또는 공공 기관, 학교, 단체, 외국의 공공 기관에 그 업무에 속하는 특정 사항에 관한 조사나, 또는 보관 중인 문서의 등본·사본의 송부를 촉탁함으로써 증거를 수집하는 것이다. 그러므로 엄격히 따지면 감정사항에 대한 질문이나 확인요청은 사실조회라기 보다는 설명과 보완요청에 해당한다. 감정내용 중 이해가 안 되는 사항에 대해서는 추가설명이나 관련근거 제시를 요청한다. 그리고 감정인이 적용한 전제사실이나 자료에 문제가 있을 경우 이를 확인하고, 오류가 있을 경우 감정보완을 요청하며, 당사자의 견해가 감정인과 다를 경우 당사자의 주장에 따른 결과 등을 확인하는 것이 감정과 관련된 사실조회다.

감정보완은 대부분 사실조회의 결과로 발생한다. 사실조회 과정을 통해 전제사실이나 감정기준이 잘못되었다고 확인되기 때문이다. 이때 주의할 것은 감정보완을 통해 변경된 내용과 사실조회 과정에서 당사자들의 요청에 따라 확인한 사항에는 차이가 있다는 것이다. 확인사항은 감정인의 의견과 다르지만 사실조회를 신청한 당사자의 주장이나 제시근거에 따라 산출한 것이므로 당사자들이나 법관은 감정보완사항과 확인사항을 구분해야 한다. 그리고 감정인 또한 회보서등을 작성할 때 제시하는 금액이 감정보완금액인지 확인금액인지 표현을 명확히 해야 한다.

제 **6** 장

감정관련
당사자 유의사항

감정은 소송 당사자나 법관의 필요에 의해 이루어지는 행위고 이를 행하는 감정인은 법관을 보조하는 사람이다. 그러므로 감정인이 객관적이고 중립적이며 공정해야 하는 것처럼 감정인은 존중되어야 한다. 그리고 효율적이고 신속한 감정을 위해서는 무엇보다 소송 당사자들의 협조와 주의가 필요하다.

1. 자료검토

감정기일에 감정사항과 전제사실을 확인하고 상호 합의된 감정방법에 따라 당사자가 제시한 자료를 기준으로 감정했는데 예상하지 못한 뜻밖의 결과가 도출될 수 있다. 기준이 되는 자료가 처음부터 문제가 있는 경우다.

공기지연과 관련한 감정에서 원고는 피고의 잦은 설계변경과 감독관의 횡포로 공사가 계약기간보다 2개월 지연되었는데 이와 같은 사유가 없었을 경우 지연일수는 줄어들었을 것이라 주장하며 공기지연감정을 신청하였다. 원고는 이와 관련하여 계약기간 산출근거인 예정공정표와 이를 작성하는데 사용된 공정관리프로그램을 감정의 기준자료로 제출하였다. 이에 감정인과 원·피고는 합의를 통해 상기 공정관리프로그램을 이용하여 계약의 기준이 된 예정공정표에 실제 발생된 공사일정을 입력하여 공정표를 재작성하는 방법으로 감정하였다. 감정에 소요된 기간은 1년이었다. 그런데 문제는 감정결과가 실제 지연일수보다 많게 산출된 것이다. 감정을 통해 산출된 예정공정표상 공사기간은 실제 지연된 2개월 보다 2개월이 많은 4개월이었다. 이 같은 결과는 원고가 예정공정표 작성 시 프로그램을 임으로 조작하여 공정표를 작성했는데 이를 모르고 있었고 감정과정에서 확인되어 이를 보정하고 감정하여 발생되었다. 즉 처음부터 문제가 있는 자료를 기준으로 계약은 물론 감정을 했기 때문에 사실과도 차이나는 결과가 도출되었다. 이와 같은 경우 감정에 대한 책임은 감정을 신청한 당사자에게 있다고 할 것이다.

이 밖에 소송 당사자가 사실이 아닌 자료를 제출하여 감정을 방해하는 경우도 있다. 자재가 반출되는 상황의 사진을 반입상황이라고 주장하였으나 거짓이었음이 확인되어 감정과정에서 이를 바로잡은 경우도 있었다. 그리고 해당 감정과 무관한 자료를 제출하여 감정인에게 불필요한 노력을 발생시키는 경우가 있는데 이들 모두 감정을 방해하는 행위에 해당된다. 그러므로 소송 당사자들은 감정을 신청할 때부터 감정과 관련한 자료들에 대한 검토가 필요하다. 그렇지 않을 경우 당사자 실익은 물론 감정효율까지 저하되기 때문이다.

2. 자료제출

감정을 위해서는 신청사항에 대한 당사자 주장의 근거가 되는 자료가 필요하다. 감정에 필요한 자료는 계약서, 설계도면, 내역서, 각종 공문서, 지급관련 서류 등으로 당사자들이 보유하고 있는 것들이다.

감정인이 요청한 자료들이 신속하게 제출되어야 감정 또한 신속하고 효율적으로 진행될 수 있다. 현장조사는 물론 감정신청사항에 대한 판단을 위해서는 제출된 자료 확인이 선행되어야 하기 때문이다. 그리고 감정인은 당사자들이 제출한 자료 모두를 확인하여 감정을 해야 한다. 하지만 당사자들이 자료를 제출하지 않으면 부득이하게 제시된 자료에 한해 감정할 수밖에 없다. 그런데 간혹 감정보고서가 제출된 후에야 당사자 중 감정기준 자료가 자신의 것과 일치하지 않다고 주장하며 자료를 제출하는 경우가 있다. 이와 같을 경우 감정인은 뒤늦게 제출된 자료를 근거로 감정신청사항을 다시 검토해야하며 그 범위가 상당할 경우 재 감정에 해당될 수도 있다. 그리고 자료가 상이할 경우 감정결과가 달라질 수도 있다. 반대로 똑같은 자료를 양측 당사자가 중복하여 제출하여 감정인의 업무 효율이 낮아지는 경우도 있다. 감정인에게는 제출된 자료를 모두 확인해야 할 의무가 있기 때문이다. 외국의 경우 디스커버리제도[58]를 이용하여 준비절차기간에 쟁점과 관련한 양측 자료를 확인하여 공통된 자료는 일원화하고 불일치한 자료

---

[58] 본안 재판 전 증거조사 절차로 미국과 영국 등에서 시행되고 있는 제도. 상대방이나 제3자로부터 소송에 관련된 정보를 얻거나 사실을 밝혀내기 위해 변론기일 전에 진행되는 사실 확인 및 증거수집 절차로 일종의 증거제시제도다. 미국 · 영국 등에서 재판이 개시되기 전에 당사자 양측이 가진 증거와 서류를 서로 공개해 쟁점을 명확히 하는 제도이다. 이 디스커버리 제도는 의료기관이나 기업, 국가기관을 상대로 손해배상 소송을 낼 때 개인인 원고의 증거 확보권을 보장하는 것을 목적으로 한다. 디스커버리가 종료된 후부터 본격적인 재판 절차가 진행된다. 시사상식사전, pmg 지식엔진연구소

에 대해서는 별도의 기준에 따라 관리한다. 이와 같은 절차가 감정에서도 활용될 수 있다면 보다 효율적으로 감정을 진행할 수 있을 것이다.

감정과 관련한 자료들은 출력물로 제출되는 것이 바람직하다. 전자문서(파일 등)로 제출될 경우 감정인이 확인하는 과정에서 누락되거나 수정될 가능성이 있기 때문이다. 그리고 감정인에게 제출한 출력물과 동일한 내용의 전자자료(파일, 설계도면 등)를 별도로 제출할 필요가 있다. 감정인이 현장조사나 감정보고서를 작성할 때 이들 전자 자료를 활용하면 효율적으로 감정할 수 있기 때문이다. 감정인에게 제출된 자료는 법관은 물론 상대방도 확인할 수 있어야 한다. 법원에 제출된 자료와 감정인에게 제출된 자료가 불일치할 수 있기 때문이다. 이 밖에 자료제출 과정에서 감정인과 당사자 사이에 발생할 수 있는 부적절한 상황을 예방하기 위해서 감정인이 요청한 자료는 법원을 통해 감정인에게 전달되는 것이 바람직하다.

3. 현장조사

당사자들 중에는 현장조사에 협조하지 않아 감정을 지연시키는 경우가 있다. 고의나 자신의 편익을 위해 갑자기 일정을 변경하거나 취소하기도 하며 현장조사 시 확인을 방해하는 경우다.

감정인은 확인하지 않은 것에 대해 의견을 제시할 수 없다. 비록 감정 결과는 추정에 따른 것이지만 그와 같은 추정은 사실 확인을 전제로 하기 때문이다. 현존하지 않거나 땅 속에 묻혀 있는 것, 잠겨있어 내부 상태를 확인할 수 없는 것에 대해서는 의견을 제시할 수 없다. 그러므로 소송 당사자들은 감정인이 예정된 일자에 확인할 수 있도록 제반여건을 확인하여 감정에 적극적으로 협조해야 한다. 민사소송법에는 감정인이 감정을 위해 필요한 경우에는 법원의 허가를 받아 해당 시설물 안에 들어갈 수 있도록 규정하고 있다.[59] 하지만 현실은 그렇지 않다. 감정인에게는 강제적 집행권한이 없기 때문이다. 설사 법원의 허가를 받는다 하더라도 추가적인 시간과 노력이 수반되며 이는 비용으로 이어진다.

감정을 위한 행위라 하더라도 감정인은 당사자 동의 및 협조 없이 감정대상물을 해체하여 확인할 수 없다. 그리고 해체 후 원상복구책임은 감정신청 당사자에게 있다. 해체가 결정되면 해체범위와 개소 등에 대한 당사자들의 합의가 필요하다. 간혹 상대 당사자가 샘플개소 부족과 이에 따른 대표성 없음을 이유로 감정결과를 신뢰할 없다고 주장하는 경우가 있기 때문이다. 그리고 거주자와 사전협의가 안되어 조사를 할 수 없거나 조사당일 거부하는 경우도 있으므로 감정신정인은 이에 대해서도 사전 확인이 필요하다.

이 밖에 현장조사 시 감정인을 협박하거나 부적절한 편의를 제안하는 당사자들이 있다. 그리고 감정보고서가 제출된 이후에는 감정결과에 꼬투리를 잡기 위해 전화상 유도질문을 하며 이를 녹취하는 경우도 있는데 이들 모두 감정인의 업무를 방해하는 것이므로 당사자의 주의가 필요하다.

---

59 **민사소송법 제342조 (감정에 필요한 처분)** ① 감정인은 감정을 위하여 필요한 경우에는 법원의 허가를 받아 남의 토지, 주거, 관리중인 가옥, 건조물, 항공기, 선박, 차량, 그 밖의 시설물안에 들어갈 수 있다.
② 제1항의 경우 저항을 받을 때에는 감정인은 경찰공무원에게 원조를 요청할 수 있다.

건설감정의 본질적 문제로 납득할 수 없는 감정결과가 도출된다. 이와 같은 일은 한 가지 원인으로도 발생할 수 있다. 하지만 대부분의 경우 다양한 사항이 복합되어 발생하며 단계별 확인소홀이 주된 원인이다.

감정신청의 오류는 감정을 고민하는 시점부터 감정기일까지의 단계별 확인소홀로 인해 발생하며 감정방법의 오류는 감정인의 역량과 관련되어 있다.

Ⅰ. 감정신청의 오류

1. 감정목적과 감정신청사항 및 감정시점 미확인

이 사례는 양수받은 공사대금채권과 관련하여 증거보전 감정신청사항이 감정목적과 부합되지 않아 납득할 수 없는 감정결과가 도출된 경우다.

원고는 교량설치공사와 관련하여 이 사건 공사대금채권을 양수받았으며 피고는 상기 채권을 양도한 이와 공동수급자였다. 원고에게 채권을 양도한자는 공사 중 계약위반 및 불성실 등 사유로 공동수급자격을 상실하였고 피고와 발주자는 채권양도자가 공사를 중단한 시점까지 공동수급체가 시공한 수량을 기준으로 지분율에 따라 공사비를 확정하였다. 그리고 해당 시점에 채권양도자는 교량구조물(프리플렉스 빔)이 제작하고 있었으나 현장에 설치되진 않은 상태였다. 그런데 원고가 양수받은 채권으로 공사비 소송을 제기하자 피고는 채권 양도자에게 지급된 선급금, 공사이행 보험료, 공사지연배상금 및 하도급업체 미지급금 등 공사 전반에 걸친 비용을 정산할 경우 오히려 원고가 반환해야 하는 상황임을 주장하였다. 이에 원고는 증거보전신청을 통해 공사비감정을 진행했다. 계약 및 진행사항과 원고 감정신청사항은 다음과 같다.

표 14. 계약 및 진행사항

구분	일자	비고
공사계약	20**.**.	공동수급체 간 지분율: 피고 외 50%, 채권양도자 50%
계약자 변경	20**.**.	공동수급체 간 지분율: 피고 외 100%, 채권양도자 0%
정산	20**.**.	채권양도자 공사 중단 시점 기준
원고 감정	20**.**.	증거보전

1. 감정의 목적

    사건 현장에 시공된 **교의 "빔"에 대해 그 현황을 파악하고 빔에 대한 제작, 운반, 설치 등에 관한 비용을 파악하여 채권양수금을 확정하기 위함입니다.

2. 감정의 목적물

    시 **동 **번지 외 * 현장에서 빔

3. 감정사항 및 소요 공사비

(1) "** **지구 수해복구공사"의 일환으로 진행되는 "***" 공사 현장의 교량에 설치된 "빔"의 현황이 어떠한지, 소 갑 제9호증(*** 설계도)의 도면 등과 규모,

규격 등이 일치한 지

(2) 위 "프리플렉스빔"의 제작, 운반, 설치 등에 소요될 것으로 예상되는 총 비용은 얼마인지?

감정인은 상기 원고 감정신청사항에 대해 감정시점의 상태를 기준으로 원고가 요청한 공사비를 산출하였다. 감정인이 산출한 금액과 계약금액은 다음과 같다.

표 15. 계약금액 대비 감정금액

구분	계약금액	정산금액	감정금액	비고
제작,설치	774,000,000	413,000,000	1,149,000,000	
자재비	323,000,000	161,000,000	472,000,000	계약금액 < 감정금액
계	1,098,000,000	275,000,000	1,621,000,000	

이 사건 감정의 목적은 원고가 양도받은 채권금액을 확인하는 것이다. 해당 채권은 계약해지로 인해 발생했으며 그 금액은 계약이 해지된 시점, 즉 채권양도자가 공사를 중단한 시점까지 이루어진 업무에 대한 것이므로 기성고공사비에 해당한다. 이와 같은 경우 기성고공사비는 변경계약이나 추가공사가 발생하지 않았다면 계약금액보다 클 수 없다. 그리고 해당 사건에서 추가 또는 변경공사는 없었다. 그런데 감정금액은 계약금액보다 크다. 이와 같은 상황이 발생한 이유는 감정목적에 부합되지 않은 감정신청으로 인해 부적절한 전제사실을 기준으로 감정하였기 때문이다.

1) 감정목적 및 감정신청 오류

원고가 양수받은 공사대금채권은 계약금액에 대한 공사 중단시점까지 시공수량 만큼의 공사비다. 따라서 감정을 통해 확인해야 하는 것은 기성고공사비다. 하지만 원고 감정신청사항은 기성고공사비가 아닌 추정공사비를 산출하는 것이다. 이는 감정신청서에 명시된 감정목적인 '채권양수금 확정'은 물론 이 사건 감정의 본질에도 부합하지 않는다. 하지만 이와 같은 사항은 감정을 신청하고 채택하는 과정에서 확인되지 않았다.

원고의 공사대금채권은 이 사건 공사계약에 귀속되므로 추가 또는 변경공사가 발생하지 않았다면 공사가 완료된 경우라도 계약금액을 초과할 수 없다. 하지만 감정인이 산출한 금액은 해당 사건에서 추가 또는 변경공사는 없었음에도 계약금액을 초과한다. 기성고공사비가 아니라 총공사비 추정금액이기 때문이다.

이 사건 감정신청서의 감정신청사항은 예상총공사비를 산출하는 것이다. 그래서 감정인은 계약내역서가 존재함에도 설계도면과 시공현황을 기준으로 별도의 내역서를 작성하여 공사비를 산출하였다. 그리고 그 과정에서 당초 계약에 없는 신규 항목과 신규단가를 적용하였다. 그러다 보니 산출한 공사비가 정산금액은 물론 계약금액보다 증가하는 상황이 발생한 것이다. 원고 인정사항 및 감정인이 감정보고서에 제시한 공사비산출방법은 다음과 같다.

원고 준비서면
위 ***(채권양도인)은 위 **빔을 제작하여 운반해 두고 설치만을 앞둔 상태에서(제작 및 설치 등을 위해 위 강판 또한 구입한 상태에서)** 위 공사계약에서 배제(해지)된 것인데, 그 설치가 되지 않았다고 하여…

감정보고서
다. 본 감정에서 공사비 산출 방법
(1) 본 감정에서 각 공사비는 신청 외 ****이 ****과 이 사건 빔공사에 관해 20*

---

*.**.**.계약을 체결하면서 첨부된 설계내역서의 단가를 기준으로 산출하였습니다.

(2) 위 설계내역서에 없는 단가는 전기 나.항에서 설명한 실적단가 혹은 품셈단가 중 저렴한 단가를 적용하여 공사비를 산출하였습니다.

2) 감정시점과 관련한 전제사실 오류

원고는 증거보전신청의 일환으로 감정을 신청하였다. 그리고 이 사건 감정의 목적은 '채권양수금 확정'이며 이는 계약해지로 인해 발생한 것이므로 증거보전감정의 전제 또한 원고가 양수받은 채권이 형성된 공사가 중단되고 계약이 해지된 시점의 상태가 되어야 한다. 하지만 원고가 감정을 신청한 시점은 채권양도자가 공사를 중단한 날로부터 9개월이 지났으며 피고가 후속공사를 완료한 상태였다. 즉 보전할 증거가 사라진 시점에 감정을 신청한 것이다.

문제는 원고 감정신청사항이 총 공사비 예상금액을 산출하는 것이므로 감정신청 및 채택과정에서 감정기준시점에 대한 확인이 이루어지지 않았다는 것이다. 감정신청사항이 감정목적에 부합되지 않은 것에서 비롯된 문제가 전제사실인 감정기준시점을 결정하였기 때문이다.

증거보전감정신청 시 확인해야 할 사항은 감정목적과 감정신청시점의 상태다. 이 사건 감정목적에 따르면 기성고공사비감정이 이루어졌어야 했다. 그리고 피고가 후속공사를 진행한 상태에서 기성고공사비감정을 하려면 공사가 중단된 시점의 상태를 확인할 수 있는 자료(사진 등)가 있는지 확인이 필요하다. 시공수량에 따른 기 시공 부분에 소요된 공사비와 미시공 부분에 소요될 공사비를 산출해야 되기 때문이다. 하지만 이 사건 감정은 증거보전신청시점의 상태를 기준으로 당초 계약과 무관한 별도의 공사비를 산출하였다. 원고 감정신청사항 및 감정개념은 다음과 같다.

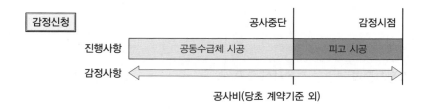

통상 공사가 중단되었을 때 공사비는 기성고공사비감정을 통해 다투는 금액을 확인한다. 건설공사가 도급계약이기 때문이다. 그리고 기성고공사비는 추가공사가 발생하지 않으면 당초 계약금액을 초과할 수 없다. 따라서 이 사건 감정은 공사 중단 시점의 상태와 계약금액을 기준으로 아래 개념과 같이 기성고공사비를 산출했어야 했다.

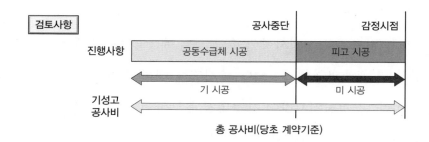

2. 감정의 가능성 및 감정신청사항의 논리성 미확인

이 사례는 감정이 불가능한 상황과 부적절한 전제사실에 근거하여 감정을 신청한 경우다. 현존하지 않아 확인할 수 없는 대상에 대해 감가상각에 따른 시가감정을 신청하였으며 소송 당사자가 제시한 전제사실(잔존가치 판단기준) 또한 부적절 하였다.

원고는 공사현장에 가설자재를 임대해 주고 사용료를 받는 전문임대회사고 피고는 원고로부터 가설자재를 임차한 임차인이다. 원고는 피고가 임대차계약에 따라 일정기간동안 사용료를 지급하였으나 어느 시점부터 사용료를 지급하지 않고 임차한 자재 일부를 반납하지 않고 있다며 미지급임차료와 미 반환 자재에 대해 손해배상을 청구하였다. 반면 피고는 가설자재를 모두 반납하였으나 원고가 주장하는 미반납 수량 중 일부에 대해서는 시가상당액만 배상하겠다는 입장이다. 이에 원고는 미 반환 가설자재의 가치평가를 위해 감정을 신청하였다. 원고 감정신청사항은 다음과 같다.

---

1. 감정목적물

    현존하지 않은 물건이지만 시중에 거래되고 있고 동일규격이 있는 물건인 '별지1 내지 3 기재' 각 가설자재

2. 감정할 사항

    '별지1 내지 3 기재' 각 건설가설자재(중급품질기준)에 대한 **20**.**.**일 기준의 시가상당액**

상기 감정신청서에 따르면 원고는 '현존하지 않는 물건'에 대해 ① 시중에 거래되고 있는 동일 규격의 자재가 중급품질임을 전제로 ② 특정 일자를 기준한 시가를 확인하는 감정을 신청하였다. 감정신청사항의 개념은 다음과 같다.

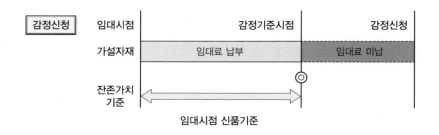

이 사건 감정신청의 가장 큰 문제는 '감정목적물이 없다'는 것이다. 원고가 인정한 것과 같이 감정대상인 가설자재는 '현존하지 않는 물건'이다. 그러나 원고 감정할 사항에 따라 전제사실을 적용할 경우 시가상당액을 산출할 수 있다. 가설자재의 종류, 수량이 제시되었고 가장 중요한 최초 임대시점 상태와 감정기준 시점의 상태가 제시되었기 때문이다.

감정신청사항에 따르면 최초 임대시점의 상태는 묵시적으로 신품을 의미하며 감정기준시점의 상태는 중급에 해당한다. 그러나 이는 원고의 일방적인 주장일 뿐이다. 피고가 임차한 자재가 당초 신품인지 중고인지 알 수 없으며 반납시점의 상태 또한 확인할 수 없다. 그러므로 원고의 전제사실인 '중급품질'은 감정기준으로 부적절하다. 아울러 신품을 전제한 '20**.**.일 기준의 시가' 또한 부적절하므로 내구연한에 따른 감가율 또한 산출할 수 없다.

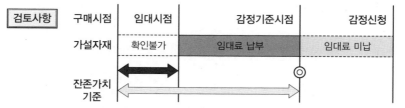

구매시점 확인불가 & 감정기준시점 상태 확인불가 = 잔존가치 확인불가

3. 감정유형 미확인

이 사례는 감정신청유형과 실제 감정내용이 일치하지 않는 경우다. 감정신청 시 유형 및 가능성에 대한 고려가 부족하여 감정진행 중 신청사항이 변경되었기 때문이다. 이와 같은 일은 감정과정에서 종종 발생한다. 감정을 신청한 당사자의 건설과 감정에 대한 전문지식 부족으로 비롯되었을 수 있기 때문이다. 하지만 이런 경우라도 감정내용이 쟁점사항에 부합되면 문제가 발생하지 않을 수 있다. 그러나 감정료에 있어서는 차이가 있다. 유형별 감정료 산출기준이 다르기 때문이다.

원고는 시공자로 피고 펜션신축공사 중 발생한 추가공사에 대한 기성고 공사비 감정을 신청하였다. 하지만 감정인은 기성고공사비가 아니라 추가공사비를 산출하였다. 기성고공사비 산출이 불가능하다고 판단했기 때문이다. 원고 감정신청서의 감정할 사항과 감정인의 감정신청사항 변경내용은 다음과 같다.

---

1. 감정의 목적

　전라남도 **군 **읍 **리 ** 풀빌라펜션 신축공사 중 2층 파티션 추가공사에 대한 기성고 감정을 통해 이 사건 공사대금을 산정하기 위함

2. 감정 목적물

　전라남도 **군 **읍 **리 ** 풀빌라펜션 신축공사 중 2층 파티션 추가공사

3. 감정할 사항

　위 감정 목적물에 대한 공사 기성고

감정보고서

가. 감정의 목적

　　전라남도 **군 **읍 **리 ** 풀빌라펜션 신축공사 중 2층 파티션 추가공사
와 관련하여, 이 사건 공사대금을 산정하고 그에 따른 공사 기성고를 산정함에
있는데, 계약내역서 부재, 설계도면 미제시(건축도면 일부만 제출) 등으로 전체
공사대금 산정이 어려워 원고측이 제출한 준공 전 도면과 준공 후 도면을 비교
하여 감정신청서상의 추가작업내용에 대한 공사금액을 산정하였음.

나. 감정신청사항

NO	감정사항	비고
1	보일러 C-형강 100*50	
2	보일러 C-형강 100*100	
3	주방 후드 교체	
4	주방 싱크대 개조	
5	주방 싱크대 작업대 추가	
6	건물 외벽 조적/미장 공사	
7	건물 외부 및 주차장 포장/미장공사	
8	수영장 추가 배관공사	상수/하수/배관 및 잡자재
9	수영장 난간 설계변경	철재난간 → 유리난간
10	수영장 외부등 교체	벌크 방수등 → 장식 방수등
11	내부 2층 파티션 추가공사	
12	내무 TV대 옮김	배선/타일/벽체장식 등
13	빗물 물홈통 외관 방부목 작업	
14	출입구 계단/방부목 슬로프	
15	내부 난간 파티션 설치 후 철거	
16	거실등 교체	직부형 → 펜던트형
17	데크 면적 확장	2M 연장
18	관리동 배관	상수/하수 배관 및 잡자재

　　이 사건의 쟁점과 감정의 목적은 원고의 추가공사비를 확인하는 것이
다. 하지만 추가공사비를 기성고에 따라 산출하는 것과 시공현황을 기준으
로 산출하는 것에는 차이가 발생한다. 기성고에 따른 추가공사비를 산출하
기 위해서는 추가공사비 약정금액과 공사범위가 확인되어야 한다. 그래야

기시공부분에 소요된 공사비와 미시공부분에 소요될 공사비를 구분하여 기성고 공사비 비율을 산출하고 이를 약정된 추가공사비에 적용하여 추가 공사에 대한 기성고공사비를 산출할 수 있기 때문이다. 하지만 이 사건의 경우 추가공사 약정금액은 물론 추가공사범위를 확인할 수 있는 자료가 없었다. 그래서 감정인은 시공현황을 기준으로 추가공사비를 산출하였으며 이는 감정목적에도 부합되므로 감정결과를 판단의 근거로 삼을 수 있었다.

문제는 감정료다. 서울중앙지방법원 건설감정료표준안에 따르면 기성고 감정료와 추가공사대금 감정료는 산정기준이 다르다. 같은 규모의 감정 대상이더라도 감정유형에 따라 업무량이 다르기 때문이다. 그래서 감정료에 차이가 발생하는데 그 차이가 상당하다. 연면적(1,000㎡)과 건물종류(2종 보통) 및 조사범위(전체, 100%)에 대해 동일한 기준을 적용하여 유형별 감정료를 산출할 경우 다음과 같다.

표 16. 유형별 감정료 산출(건설감정료표준안기준)

감정 유형	기성고	추가공사비			비고
항목 가중치	구분 없음	단순	복잡	복합	
예상 감정료	11,990,000	4,290,000	8,360,000	13,530,000	

감정료와 관련한 모든 경우가 이와 같은 것은 아니다. 하지만 감정료로 인해 당사자가 감정을 포기하는 경우도 있으며 과다한 감정료는 건설감정과 관련한 문제를 발생시키고 있다. 그런데 감정인은 감정신청서를 기준으로 예상 감정료를 산출할 수밖에 없다. 감정료산정시점에는 당사자들이 보유하고 있는 자료나 감정여건 등 세부사항을 알 수 없기 때문이다. 그러므로 감정을 신청할 때에는 쟁점 및 감정목적과 감정유형이 부합하는지 확인이 필요하다.

기성고 감정료 표준안

사건번호 :

건물유형

연면적　　1000m²

건축물 구분	1종 단순	2종 보통	3종 복잡	보정지수	부분조사비율
	0.9	1.0	1.1	1.0	100%

구 분	업무내용	기술자(인) 감정인	감정인보조자 (특급-초급)	계	산 출 근 거				
1. 감정기일 출석	① 감정사항 검토 / ② 법원 출석, 선서	0.05인		0.50 인	– 수도권 법원 기준 출석 소요 시간 4시간 소요 0.5인 산정				
2. 사전 준비	① 과업수행계획서 작성 / ② 현장조사 준비	0.05인		0.50 인	투입 인원 0.500인	300 ㎡ 이하 0.3인, 1000~3000㎡ 이하 0.5~1인, 10000㎡ 이하 2인, 10000㎡ 초과 최대2인			
3. 현장 조사	① 감정항목별 조사 / ② 건축물 현황 조사	0.20 인	1.80 인	2.00 인	투입 인원 2.000인	300 ㎡ 이하 3인, 1000~3000㎡ 이하 6-10인, 10000㎡ 이하 12인, 10000㎡ 초과 최대12인			
4. 현장조사서 작성	① 조사현황도 작성 / ② 현장조사서 정리	0.60 인	5.40 인	6.00 인	투입 인원 6.000인	300 ㎡ 이하 3인, 1000~3000㎡ 이하 6-10인, 10000㎡ 이하 12인, 10000㎡ 초과 최대12인			
5. 감정내역서 작성	① 수량산출서 작성 / ② 감정내역서 작성	1.50 인	13.50 인	15.00 인	투입 인원 15.000인	300 ㎡ 이하 5인, 1000~3000㎡ 이하 15-20인, 10000㎡ 이하 25인, 10000㎡ 초과 10000㎡마다 25인추가			
6. 감정보고서 작성	① 구체적 감정사항 작성 / ② 감정결과및보고서작성	0.20 인	1.80 인	0.20 인	투입 인원 2.000인	300 ㎡ 이하 1인, 1000~3000㎡ 이하 2-4인, 10000㎡ 이하 4인, 10000㎡ 초과 최대4인			
투입인원 소계		3.50 인	22.50 인	24.20 인	기술사단가	특급단가	고급단가	중급단가	초급단가
직접인건비				₩ 5,931,973	@348,160	@264,306	@209,485	@190,910	@149,647
					1,218,560		4,713,413		

건축물 종별 구분		1.0	₩ –	투입인원			
직접경비(시험, 검사비용 등)				사전준비	현장조사	내업	소계
직접비 소계			₩ 5,931,973	1.00인	2.00인	21.20인	24.20인
제 경 비	직접비의 60%		₩ 3,559,184	여비(지방 주재시 산정)			
기 술 료	(직접비+제경비)의 15%		₩ 1,423,673	운임	숙박비	식비	일비
여비 (소재지)	미적용		₩ –	₩ 38,500	₩ 50,000	₩ 40,000	₩ 40,000
계			₩ 10,914,829	연비10 km/L	1일50,000원	1일20,000원	1일20,000원
단수 정리			₩ 14,829	1,540원/L	1일(2인1실)	2인	2인
산정 금액			₩ 10,900,000	왕복거리 250km	* 교통비 자동차 이용, 연비 소나타 기준, 휘발유단가 오피넷 기준, 숙박비 5만원 적용, 인원 올림 적용		
V.A.T			₩ 1,090,000	1대			
합 계			₩ 11,990,000				
변경사항 및 변경사유							

* 건축종별 복잡도 보정, 전체조사 필요시 전체조사 비율 조정
* 면적별 투입인원 직선보간법 적용
* 여비 민사소송비용규칙 별표2 적용

　　　　　　　　　　　년　　　　월　　　　일

회사명

감정인　　　　　　　　(인)

추가공사대금 감정료 표준안

사건번호 :

건물유형

연면적　　　　1000m²

건축물 구분	1종 단순	2종 보통	3종 복잡	보정지수	전체조사	항목 개수	항목가중치
	0.9	1.0	1.1	1.0	전체	20 개	단순

구 분	업무내용	기 술 자 (인)			산 출 근 거				
		감정인	감정인보조자 (특급-초급)	계					
1. 감정기일 출석	① 감정사항 검토 ② 법원 출석, 선서	0.05인		0.50 인	– 수도권 법원 기준 출석 소요 시간 4시간 소요 0.5인 산정				
2. 사전 준비	① 과업수행계획서 작성 ② 현장조사 준비	0.05인		0.50 인	투입 인원	0.500인	300 ㎡ 이하 0.3인, 1000–3000㎡ 이하 0.5–1인, 10000㎡ 이하 2인, 10000㎡ 초과 최대2인		
3. 현장 조사	① 감정항목별 조사	1.25 인		1.25 인	항목별 인원	0.063인	항목당 (단순)20분, (복잡)60분, (복합)120분		
	② 건축물 현황 조사		2.00인	2.00 인	투입 인원	2.000인	300 ㎡ 이하 1인, 1000~3000㎡ 이하 2~4인, 10000㎡ 이하 6인, 10000㎡ 초과 10000㎡당 1인 추가 (6인추가시 전체조사시 필요조사)		
4. 현장조사서작성	① 조사현황도 작성 ② 현장조사서 정리	1.25 인		1.25 인	항목별 인원	0.063인	항목당 (단순,복잡)30분, (복합)60분		
5. 감정내역서작성	① 수량산출서 작성 ② 감정내역서 작성	1.25 인		1.25 인	항목별 인원	0.063인	항목당 (단순,복잡)30분, (복합)120분		
6. 감정보고서작성	①구체적 감정사항 작성 ②감정결과및보고서작성	1.25 인		1.25 인	항목별 인원	0.063인	항목당 (단순)30분, (복잡)120분, (복합)180분		
투입인원 소계		3.50 인	4.50 인	8.00 인	기술사단가	특급단가	고급단가	중급단가	초급단가
직접인건비				₩ 2,161,243	@348,160	@264,306	@209,485	@190,910	@149,647
					1,218,560		942,683		
건축물 종별 구분		1.0	₩	–	투입인원				
직접경비(시험, 검사비용 등)					사전준비	현장조사	내업	소계	
직접비 소계			₩ 2,161,243		1.00인	3.25인	3.75인	8.00인	
제 경 비		직접비의 60%	₩ 1,296,746		여비(지방 주재시 산정)				
기 술 료		(직접비 + 제경비)의 15%	₩ 518,698		운임	숙박비	식비	일비	
여비 (소재지)		미적용	₩ –		₩ 38,500	₩50,000	₩40,000	₩40,000	
계			₩ 3,976,686		연비10 km/L	1일50,000원	1일20,000원	1일20,000원	
단수 정리			₩ 76,686		1,540원/L	1일(2인1실)	2인	2인	
산정 금액			₩ 3,900,000		왕복거리 700km	* 교통비 자동차 이용, 연비 소나타 기준, 휘발유단가 오피넷 기준, 숙박비 5만원 적용, 인원 올림 적용			
V.A.T			₩ 390,000		1대				
합 계			₩ 4,290,000						
변경사항 및 변경사유									

* 건축종별 복잡도 보정, 전체조사 필요시 전체조사 비율로 조정

* 면적별 투입인원 직선보간법 적용

* 여비 민사소송비용규칙 별표2 적용

* 일부 증축의 경우 기성고 감정료 산정기준 적용하는 것이 적정

년　　　월　　　일

회사명

감정인　　　　　　(인)

추가공사대금 감정료 표준안

사건번호 :

건물유형

연면적　1000㎡

건축물 구분	1종 단순	2종 보통	3종 복잡	보정지수	전체조사	항목 개수	항목가중치
	0.9	1.0	1.1	1.0	전체	20 개	복잡

구 분	업무내용	기 술 자 (인)			산 출 근 거				
		감정인	감정인보조자 (특급~초급)	계					
1. 감정기일 출석	① 감정사항 검토 ② 법원 출석, 선서	0.50 인		0.50 인	− 수도권 법원 기준 출석 소요 시간 4시간 소요 0.5인 산정				
2. 사전 준비	① 과업수행계획서 작성 ② 현장조사 준비	0.50 인		0.50 인	투입 인원	0.500인	300 ㎡ 이하 0.3인, 1000~3000㎡ 이하 0.5~1인, 10000㎡ 이하 2인, 10000㎡ 초과 최대2인		
3. 현장 조사	① 감정항목별 조사	2.50 인		2.50 인	항목별 인원	0.125인	항목당 (단순)20분, (복잡)60분, (복합)120분		
	② 건축물 현황 조사		2.00 인	2.00 인	투입 인원	2.000인	300 ㎡ 이하 1인, 1000~3000㎡ 이하 2~4인, 10000㎡ 이하 6인, 10000㎡ 초과 10000㎡이하1 6인2개구가 (전체조사 필요시)		
4. 현장조사서작성	① 조사현황도 작성		1.25 인	1.25 인	항목별 인원	0.063인	항목당 (단순,복잡)30분, (복합)60분		
	② 현장조사서 정리								
5. 감정내역서 작성	① 수량산출서 작성		2.50 인	2.50 인	항목별 인원	0.125인	항목당 (단순,복잡)30분, (복합)120분		
	② 감정내역서 작성								
6. 감정보고서 작성	① 구체적 감정사항 작성	5.00 인		5.00 인	항목별 인원	0.250인	항목당 (단순)30분, (복잡)120분, (복합)180분		
	② 감정결과및보고서작성								
투입인원 소계		8.50 인	5.75 인	14.25 인	기술사단가	특급단가	고급단가	중급단가	초급단가
직접인건비			₩ 4,163,899		@348,160	@264,306	@209,485	@190,910	@149,647
					2,959,360		1,204,539		
건축물 종별 구분		1.0	₩ −		투입인원				
직접경비(시험, 검사비용 등)					사전준비	현장조사	내업	소계	
직접비 소계			₩ 4,163,899		1.00인	4.50인	8.75인	14.25인	
제 경 비		직접비의 60%	₩ 2,498,339		여비(지방 주재시 산정)				
기 술 료		(직접비 + 제경비)의 15%	₩ 999,336		운임	숙박비	식비	일비	
여비 (소재지)		미적용	₩ −	₩	38,500	₩50,000	₩40,000	₩40,000	
계			₩ 7,661,574		연비10 km/L	1일50,000원	1일20,000원	1일20,000원	
단수 정리			₩ 61,574		1,540원/L	1일(2인1실)	2인	2인	
산정 금액			₩ 7,600,000		왕복거리 700km	* 교통비 자동차 이용, 연비 소나타 기준, 휘발유단가 오피넷 기준, 숙박비 5만원 적용, 인원 올림 적용			
V.A.T			₩ 760,000		1대				
합 계			₩ 8,360,000						
변경사항 및 변경사유									

* 건축종별 복잡도 보정, 전체조사 필요시 전체조사 비율로 조정
* 면적별 투입인원 직선보간법 적용
* 여비 민사소송비용규칙 별표2 적용
* 일부 증축의 경우 기성고 감정료 산정기준 적용하는 것이 적정

년　　　월　　　일

회사명

감정인　　　　　　(인)

추가공사대금 감정료 표준안

사건번호 :

건물유형				건축물 구분	1종 단순 0.9	2종 보통 1.0	3종 복잡 1.1	보정지수 1.0	전체조사 전체	항목 개수 20 개	항목가중치 복합
연면적	1000m²										

구 분	업무내용	기 술 자 (인)			산 출 근 거			
		감정인	감정인보조자 (특급-초급)	계				
1. 감정기일 출석	① 감정사항 검토 ② 법원 출석, 선서	0.05인		0.05인	– 수도권 법원 기준 출석 소요 시간 4시간 소요 0.5인 산정			
2. 사전 준비	① 과업수행계획서 작성 ② 현장조사 준비	0.05인		0.05인	투입 인원	0.500인	300 ㎡ 이하 0.3인, 1000~3000㎡ 이하 0.5~1인, 10000㎡ 이하 2인, 10000㎡ 초과 최대2인	
3. 현장 조사	① 감정항목별 조사	5.00인		5.00인	항목별 인원	0.250인	항목당 (단순)20분, (복잡)60분, (복합)120분	
	② 건축물 현황 조사		2.00인	2.00인	투입 인원	2.000인	300㎡ 이하 1인, 1000~3000㎡ 이하 2~4인, 10000㎡ 이하 6인, 10000㎡ 초과 10000㎡이하 6인 추가 (전체조사 필요시)	
4 현장조사서 작성	① 조사현황도 작성 ② 현장조사서 정리		2.05인	2.50인	항목별 인원	0.125인	항목당 (단순,복잡)30분, (복합)60분	
5. 감정내역서 작성	① 수량산출서 작성 ② 감정내역서 작성		5.00인	5.00인	항목별 인원	0.250인	항목당 (단순,복잡)30분, (복합)120분	
6. 감정보고서 작성	① 구체적 감정사항 작성 ② 감정결과및보고서작성	7.50인		7.50인	항목별 인원	0.375인	항목당 (단순)30분, (복잡)120분, (복합)180분	
투입인원 소계		13.50인	9.50인	23.00인	기술사단가	특급단가	고급단가	중급단가	초급단가

직접인건비			₩ 6,690,268	@348,160	@264,306	@209,485	@190,910	@149,647
				4,700,160		1,990,108		

건축물 종별 구분		1.0	₩ –	투입인원				
직접경비(시험, 검사비용 등)				사전준비	현장조사	내업	소계	
직접비 소계			₩ 6,690,268	1.00인	7.00인	15.00인	23.00인	
제 경 비		직접비의 60%	₩ 4,014,161	여비(지방 주재시 산정)				
기 술 료		(직접비 + 제경비)의 15%	₩ 1,605,664	운임	숙박비	식비	일비	
여비 (소재지)		미적용	₩ –	₩ 38,500	₩50,000	₩40,000	₩40,000	
계			₩ 12,310,092	연비10 km/L	1일50,000원	1일20,000원	1일20,000원	
단수 정리			₩ 10,092	1,540원/L	1일(2인1실)	2인	2인	
산정 금액			₩ 12,300,000	왕복거리 700km	* 교통비 자동차 이용, 연비 소나타 기준, 휘발유단가 오피넷 기준, 숙박비 5만원 적용, 인원 올림 적용			
V.A.T			₩ 1,230,000	1대				
합 계			₩ 13,530,000					
변경사항 및 변경사유								

* 건축종별 복잡도 보정, 전체조사 필요시 전체조사 비율로 조정
* 면적별 투입인원 직선보간법 적용
* 여비 민사소송비용규칙 별표2 적용
* 일부 증축의 경우 기성고 감정료 산정기준 적용하는 것이 적정

년   월   일

회사명

감정인   (인)

4. 감정의 필요성 미확인

이 사례는 공동주택하자소송에 따른 구상금 청구소송에서 불필요한 감정이 이루어진 경우다.

공동주택하자소송이 종결되면 피고(시행자 또는 시공자)는 하자를 발생시킨 당사자(공종별 하도급 시공자)에게 해당 판결금액에 대한 구상금청구소송을 하는 경우가 있다. 이때 하자의 원인이 무엇이냐에 따라 책임주체가 달라지기 때문에 구상금청구소송 당사자들은 하자에 대한 의견이 다를 수 있다. 각각의 하자가 설계하자로 발생한 것인지 시공부주의로 발생하였는지에 따라 구상금액이 달라지기 때문이다. 그래서 하자 각 항목에 대해 발생 원인을 확인할 필요가 있다. 하지만 이를 위해 반드시 별도의 감정이 필요한 것은 아니다. 이미 이에 대한 확인이 이루어졌기 때문이다.

공동주택하자소송의 경우 서울중앙지방법원 건설감정실무에 따른 정형화된 감정보고서 양식이 통용되고 있다. 여기에는 각 항목별 하자의 발생 원인을 명시하도록 되어있다. 그러므로 당초 감정보고서를 검토하여 항목별 원인을 구분할 경우 별도의 감정 없이 책임범위를 확인할 수 있다. 그리고 감정이 불가피할 경우 당초 공동주택하자소송 감정인을 통해 사실조회나 추가감정의 형태로 진행하는 것이 효과적이다. 해당 감정내용에 대해 숙지하고 있으며 관련자료 또한 보유하고 있으므로 별도의 자료제출이나 재조사 등 확인에 소요되는 시간을 줄일 수 있기 때문이다.

[공용003] 지하주차장 Expantion Joint 누수

1. 원고측 주장

2. 피고측 주장

3. 감정인 의견

현장조사를 통해, 지하주차장 Expantion Joint 부위에서 누수 흔적을 확인하였다. 이 현상은 부실시공 및 노후화가 원인으로 추정되는 기능상, 안전상, 미관상 하자로 판단된다.

〈보수방법〉
Expantion Joint 방수 보수+오염부위 마감 재시공

4. 산출 금액

하자감정내용					
① 하자판정	[ ]		[ ]	하자제외	
	[√]	기능성하자	[ ]	법규의 위반	
	[√]	안정성하자	[ ]	약정의 위반	
	[√]	미관상하자	[ ]		
② 발생원인	[ ]	미시공하자	[ ]	설계상 하자	
	[ ]	변경시공하자	[ ]	감리상 하자	
	[√]	부실시공하자	[ ]	사용상·관리상하자	
③ 발생시기	사용검사일		2004년 3월 18일		
	[ ]	사용검사 이전 발생			
	[√]	사용검사 이후 발생			
	[ ]	1년 이내	[ ]	4년 이내	
	[ ]	2년 이내	[ ]	5년 이내	
	[ ]	3년 이내	[ ]	10년 이내	
	[√]	구체적 발생시기 판정 불가			
④ 보수가능여부	[√]	보수 가능함	[ ]	보수 불가능	
⑤ 하자의 중요성	[√]	중요한 하자	[ ]	중요하지 않은 하자	
⑥ 보수비과다여부	[ ]	과다하지 않음	[ ]	보수비 과다	
⑦ 보수비의 산정	[.]	보수비용산출	[ ]	하자가 중요하지 않으면서 보수비가 과다한 경우 시공비 차액 산정(보수 불가능 포함)	
⑧ 하자 보수 요청			⑨ 하자 보수 여부		
하자 보수 요청 및 요청일자	[ ]	요청하지 않음	[ ]	보수 완료 확인	
	[√]	요청함	[ ]	하자 일부 보수	
		2009.11.16	[√]	보수하지 않음	
⑩ 하자 담보 책임 기간(주택법 시행령 별표6)					
9. 지붕 및 방수공사	공사	공종	[ ] 1년	[ ] 4년	
			[ ] 2년	[ ] 5년	
			[√] 3년	[ ] 10년	

현황사진 1	현황사진 2

지하주차장 Expantion Joint 누수-1	지하주차장 Expantion Joint 누수-2

5. 감정신청사항의 논리성 미확인-1

이 사례는 공사계약 해지에 따른 기성고공사비 감정에서 신청인이 제시한 전제사실이 부적절한 경우다.

피고는 계약에 따라 골조공사를 진행하던 중 설계변경이 이루어져 변경계약을 체결하였다. 그런데 원고는 공사 중 피고에게 계약해지를 통보하고 공사비 과다지급을 사유로 반환청구소송을 제기하며 기성고공사비감정을 신청하였다. 원고 감정신청사항과 계약내용 변경사항은 다음과 같다.

---

1. 감정의 목적

　이 사건 건물의 시공된 부분에 소요된 공사비 및 기성고 비율을 확인하여 원고가 피고에게 지급한 공사대금 중 반환받을 금액을 명확히 하기 위함.

2. 감정의 목적물

　　　**시 **동 **번지 지상에 신축중인 건축물 공사

3. 감정사항 및 소요 공사비

　가. **A동 공사계약 (계약금액 46억 7천만 원)에 의한 공사 기성고 비율**

　⑴ A동 건물의 완성된 부분과 미완성 부분 확정

　⑵ 이미 시공된 부분에 소요된 공사비

　⑶ 미시공 부분을 완성하는데 소요될 공사비

　⑷ 전체 공사비 중 이미 완성된 부분에 소요된 비용이 차지하는 비율

　나. **추가된 B동 공사부분에 소요된 공사비**

표 17. 변경계약 현황

구분	변경 전	변경 후	비고
계약금액 (원)	4,670,000,000	7,100,000,000	+ 152%
연면적 (㎡)	2,990	4,420	+ 148%
규모	지하1층 지상4층 1개동 (A동)	지하1층 지상4층 2개동 (A+B동)	

감정인은 감정신청사항에 제시된 조건과 현장검증 시 재판부 확인사항에 따라 A동에 대해서는 최초계약을 기준으로 기성고공사비를 산출하고, B동과 A동 설계변경부위 중 시공된 부분에 대해서는 최초 계약단가를 기준으로 추가공사비를 산출하였다. 재판부 확인사항과 감정결과는 다음과 같다.

현장검증일 재판부 확인사항

– 토목부분 추가공사비 인정: 암반 터파기 부분은 별도금액 추가인정 합의
– **공사비 단가는 최초 계약서 단가 적용 – 추가공사비 포함**
– A동 공사 진행상황: 2층(3층 바닥) 콘크리트 완료, 3층 형틀 공사중 중단
– B동 공사 진행상황: 2층(3층 바닥) 콘크리트 완료

감정사항 및 소요 공사비

가. A동 공사계약 (계약금액 46억 7천만원)에 의한 공사 기성고 비율

(1) A동 건물의 완성된 부분과 미완성 부분 확정
   – A동 : 2층(3층 바닥) 콘크리트 완료, 3층 형틀 공사 중 중단
   – B동 : 2층(3층 바닥) 콘크리트 완료

(2) 이미 시공된 부분에 소요된 공사비
   A동 공사금액에 대한 이미 시공된 부분에 소요된 공사비는 변경도면(A+B동)으로 시공된 관계로 시공부분에서 A동 공사계약분만 소요공사비로 산정하였으며, 산출금액은 2,042,153,000원(VAT 제외) 이다.

---

(3) 미시공 부분을 완성하는 데 소요될 공사비

미시공 부분에 소요될 공사비 산정은, 기 공사계약에서 상기(2)항의, 이미 시공된 소요 공사비를 제외한 금액으로 소요 공사비로 산정하였다. 산출 금액은 2,627,847,000원(VAT제외) 이다.

감정사항 및 소요 공사비

가. A동 공사계약 (계약금액 46억 7천만원)에 의한 공사 기성고 비율

(4) 전체 공사비 중 이미 완성된 부분에 소요된 비용이 차지하는 비율

기성고 비율 = (기시공 부분에 소요된 공사비) / (기시공 부분에 소요된 공사비 + 미시공 부분에 소요될 공사비) = 43.73%

나. 추가된 B동 공사부분에 소요된 공사비

추가된 B동 공사부분에 소요된 공사비 산정은 변경도면(A+B동)을 기준으로 시공된 전제 공사량을 산출하고, 이 공사량에서 가 − (2)항의 이미 시공된 소요공사비를 제외한 금액으로 A동과 B동 추가공사비를 산정했다. 산출금 액은 470,000,000원(VAT 제외)이다.

그런데 감정보고서가 제출된 후 원고는 상기 감정이 대법원 판례취지에 부합하지 않는다고 주장하였다. 반면 감정인은 전체 시공수량을 확인하여 A동에 대해서는 기 시공 공사비 및 미 시공 공사비를 산출하고, 대법원 판례취지에 따라 기성고 비율을 산출한 후, 감정신청 전제사실에 따라 최초 계약금액에 대한 기성고공사비를 산출하였으며, B동에 대해서는 재판부가 확인한 전제사실에 따라 추가공사비를 산출하였으므로 문제가 없다고 주장하였다.

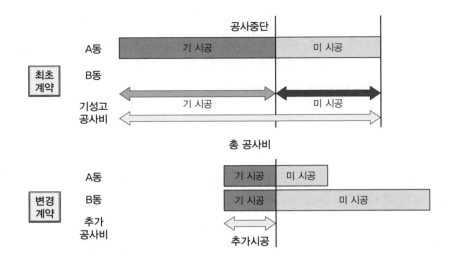

재판부는 추가공사비에 대해서는 당초 계약단가를 적용하도록 제시하였다. 그 이유는 변경계약에 문제가 있기 때문이다. 이 사건 공사계약은 총액계약이며 설계변경으로 면적이 증가되어 공사비를 증액하는 변경계약이 이루어졌다. 그리고 최초 및 변경계약서에는 각각의 설계도면과 내역서가 첨부되어 있다. 그런데 변경계약서에 첨부된 내역서는 문제가 있다. 설계변경으로 면적이 증가하였으나 변경내역서는 이에 따라 증가된 수량을 기준하지 않고 최초 계약내역서 수량에 항목별 단가를 수정하여 산출하였기 때문이다. 즉 변경계약내역서의 수량과 실제로 시공해야할 수량이 일치하지 않다는 것이다. 아울러 변경계약내역서 적용단가의 적정성 또한 확인할 수 없다. 하지만 총액계약의 형태는 바뀌지 않았기 때문에 피고는 변경된 계약금액으로 변경된 범위의 일을 완성하면 된다. 그리고 이 사건 공사계약의 기준은 변경계약이므로 기성고공사비 또한 변경계약금액을 기준으로 판단되어야 한다. 하지만 원고는 최초 계약을 기준으로 기성고공사비와 추가공사비를 구분하여 산출해 줄 것을 요청하였다.

원고 감정신청사항에 따라 최초 계약을 기준으로 기성고 공사비와 추가공사비를 산출하는 개념에 따른 산출금액은 다음과 같다.[60]

표 18.　감정기준 : A동 기성고 + B동 추가공사비(최초 계약기준)

구분			수량			단가	공사비	기성고 비율	계약 금액	기성고 공사비	비고
			A동		B동	계					
			A-1	A-2	B	C=A+B	D	E=C*D	F	G	H=F*G
계약 기준	최초		100	–	–	100	100	10,000	–	10,000	–	
	변경	설계도	100	5	45	150	100	15,000	–	–	–	최초
		내역서	100	–	–	100	150	15,000	–	15,000	–	
감정 사항	기성고	기시공	20	–		20	100	2,000	20%	10,000	2,000	A동
		미시공	80	–		80	100	8,000				
	추가 공사	설계도	–	5	45	50	100	5,000	–	–	–	B동
		기시공	–	4	10	14	100	1,400	–	–	–	
		미시공	–	1	35	36	100	3,600	–	–	–	

하지만 대법원 판례에 따라 변경계약을 기준으로 기성고공사비와 추가공사비를 산출하는 개념에 따른 산출금액은 다음과 같다.

표 19.　대법원 판례기준: A+B 동 기성고 (변경 계약기준)

구분			수량			단가	공사비	기성고 비율	계약 금액	기성고 공사비	비고
			A동		B동	계					
			A-1	A-2	B	C=A+B	D	E=C*D	F	G	H=F*G
계약 기준	최초		100	–	–	100	100	10,000	–	10,000	–	
	변경	설계도	100	5	45	150	100	15,000	–	–	–	
		내역서	100	–	–	100	150	15,000	–	15,000	–	
검토 사항	최초 계약 단가	기시공	20	4	10	34	100	3,400	23%	15,000	3,400	추가 공사 없음
		미시공	80	1	35	116	100	11,600				
	변경 계약 단가	기시공	20	4	10	34	150	5,100	23%	15,000	3,400	
		미시공	80	1	35	116	150	17,400				

원고 감정신청사항에 따라 최초계약을 기준으로 산출한 기성고 공사비(2,000)와 추가공사비(1,400) 총액(3,400)은 대법원 판례에 따라 변경계약을

60　이 건 사례의 기성고 공사비 비교는 설계도면에 따른 변경수량을 확인할 수 없어 계약금액 변경비율에 따라 임의의 수량을 적용한 것이다.

기준으로 산출한 기성고공사비(3,400)와 차이가 없다. 변경계약을 기준할 경우 추가공사가 해당되지 않기 때문이다. 하지만 계약이 변경되어 공사범위 또한 달라졌기 때문에 기성고공사비 기준금액은 물론 변경계약 이후 설계변경도면에 따라 시공된 부위는 추가공사에 해당되지 않을 수 있다.

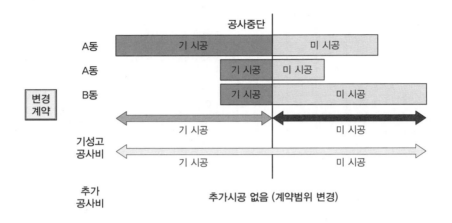

설계변경 수량에 차이가 있다면 상황은 달라질 수 있다. 대법원 판례에 따라 추정계약(설계변경 수량이 당초 예상보다 클 때)에 대해 최초계약 및 변경계약 단가를 적용하여 기성고공사비와 추가공사비를 산출하는 개념에 따를 경우 다음과 같다.

표 20. 대법원 판례기준 : A+B 동 기성고 (변경 계약기준 −1)

구분			수량			단가	공사비	기성고 비율	계약 금액	기성고 공사비	비고
			A동	B동	계						
			A−1	A−2	B	C=A+B	D	E=C*D	F	G	H=F*G	
계약 기준	최초		100	−	−	100	100	10,000	−	10,000	−	
	변경	설계도	100	10	50	160	100	16,000	−	16,000	−	
		내역서	100	−	−	100	150	15,000	−	15,000	−	
변경 계약	변경 계약 단가	기시공	20	4	10	34	150	5,100	21%	15,000	3,188	추가 공사 없음
		미시공	80	6	40	126	150	18,900				
추정 계약	최초 계약 단가	기시공	20	4	10	34	100	3,400	21%	16,000	3,400	
		미시공	80	6	40	126	100	12,600				

그리고 대법원 판례에 따라 추정계약(설계변경 수량이 당초 예상보다 작을 때)에 대해 최초 계약 및 변경계약 단가를 적용하여 기성고공사비와 추가공사비를 산출하는 개념에 따른 할 경우 다음과 같다.

표 21. 대법원 판례기준 : A+B 동 기성고 (변경 계약기준 −2)

구분			수량			단가	공사비	기성고 비율	계약 금액	기성고 공사비	비고
			A동	B동	계						
			A-1	A-2	B	C=A+B	D	E=C*D	F	G	H=F*G	
계약 기준	최초		100	−	−	100	100	10,000	−	10,000	−	
	변경	설계도	100	5	25	130	100	13,000	−	13,000	−	
		내역서	100	−	−	100	150	15,000	−	15,000	−	
변경 계약	변경 계약 단가	기시공	20	4	10	34	150	5,100	26%	15,000	3,923	추가 공사 없음
		미시공	80	1	15	96	150	14,400				
추정 계약	최초 계약 단가	기시공	20	4	10	34	100	3,400	26%	13,000	3,400	
		미시공	80	1	15	96	100	9,600				

이들 비교를 통해 확인한 바와 같이 기성고공사비는 공사비총액은 물론 수량에 따라서 달라질 수 있다. 그러므로 이 사건 기성고공사비는 최초 계약이 아닌 변경계약을 기준으로 산출하는 것이 바람직하다.

6. 감정신청사항의 논리성 미확인-2

이 사례는 공사계약 해지에 따른 기성고공사비 감정에서 감정신청인이 제시한 전제사실이 부적절한 경우다.

피고는 원고로부터 지방도로포장공사 중 일부 공종을 재하도급 받아 공사를 진행하였으며 원고요청에 따라 원고가 진행하던 공사 일부에 대해 추가계약을 하였다. 하지만 원고는 공사 중 원도급사와 계약을 해지하게 되었고 피고와도 공사를 타절 했다. 그런데 원고와 피고는 타절 시 피고 시공수량을 확인하지 않고 타절 전 피고의 기성청구금액에 기초하여 쌍방이 합의한 금액으로 정산하였다. 그리고 원고는 이에 따른 공사비 잔액을 피고에게 지급하였다. 그러나 원고는 상기 정산이 잘못되어 공사비가 초과지급 되었다며 반환청구소송을 제기하였고 피고 또한 정산금액에 추가공사비가 반영되지 않았다고 주장하며 반소청구와 함께 추가공사비 감정을 신청하였다. 피고 감정신청사항은 다음과 같다.

---

1. 감정의 목적

피고는 20**.**.**. 원고와 정산 약정을 체결하면서 **1교와 **IC 교대구조물의 미완성 시공분을 공사하기로 약정하였는데, 미완성 범위는 20**.**.**. 작성된 갑 제6호증의 피고 기성청구내역서의 잔여분에 해당합니다. 원고와 피고 사이에 체결된 정산 약정은 취소 또는 해지되었으나 별지 표의 기재와 같이 미완성 시공분에 대한 피고 시공내역이 존재하므로, 원고는 피고에게 시공내역에 따른 공사대금을 지급할 의무가 있습니다. ***1교와 **IC교대구조물은 피고가 철수한 후 다른 업체가 공사를 수행하고 있어서 현재 상태로 피고 시공부분을 확정하기 어렵습니다. 이에 피고는 20**.**.**. 및 20**.**.**. 촬영한 사진을 기초로 위 각

공사에 대한 감정을 신청하고자 합니다.

2. 감정의 목적물

　　~간 국가지원지방도 확포장공사 중 구조물 공사 **1교 및 **IC교대
구조

3. 감정사항

　　피고는 20**.**.**. 원고와 정산약정을 체결하면서 **1교와 **IC교대구
조물의 미완성 시공분을 공사하기로 약정하고 공사를 수행하였는 바, 위 미완
성 시공분 중 피고의 시공 내역에 따른 기성율

　　피고는 타절 후에도 추가계약범위를 일부 시공하였으므로 추가공사에 해
당하며, 이에 대해서는 기성고 비율에 따라 추가공사비가 지급되어야 하고,
기성고공사비는 정산잔액을 기준으로 산출되어야 한다고 주장하였다. 피고
감정신청사항과 계약 및 공사과정 전반을 기초한 피고주장은 다음과 같다.

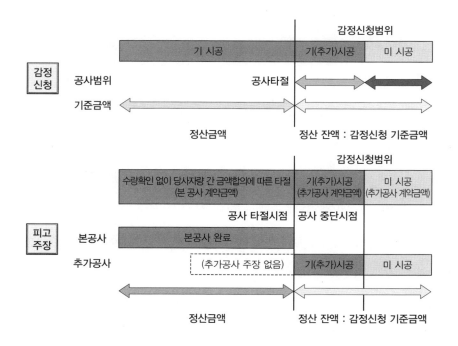

그러나 원고와 피고의 계약 및 정산과정 등 피고주장은 사실과 차이가 있다. 원고와 피고는 공사 타절 전 기성청구금액을 기준한 합의금액에 따라 정산하였는데 시공수량을 확인하지 않았다. 문제는 기성청구금액과 청구시점 시공수량이 일치하지 않는 경우가 많다는 것이다. 혹여 기성청구금액과 청구시점의 시공수량이 일치하더라도 타절 시점과 청구시점에는 차이가 있다. 그리고 피고는 타절 이후에도 추가공사부분을 시공하였다고 주장하였는데 추가공사는 당초 원고가 진행하던 공사를 피고가 이어받아 시공하는 것으로 이 또한 타절 시점은 물론 중단시점에 피고 시공수량을 확인하지 않았다. 이와 같은 시점과 상황을 기성청구, 타절, 공사중단 및 본공사 외 추가공사로 구분하면 다음과 같다.

확인사항			감정신청범위		
	기 시공	추가(기)시공?	추가(기)시공?	미 시공	
	기성청구시점	공사타절시점	공사중단		
본공사	기 시공(본공사)	추가(기)시공?			
추가공사	기 시공(추가공사)	추가(기)시공?	추가(기)시공?	미 시공	

기성청구시점과 타절 시점이 일치하지 않으므로 타절시점 시공수량은 기성청구시점을 기준한 정산금액과 차이가 발생할 수 있다. 본공사는 물론 추가공사 기성청구 이후부터 공사타절시점까지 시공수량이 정산금액에 반영되지 않았기 때문이다. 그리고 타절 후 공사 중단 시점의 시공수량 또한 확인에 한계가 있다. 추가공사 중단 시점에도 시공수량 확인을 하지 않았기 때문이다. 이는 감정신청 기준금액인 정산잔액에 차이가 있을 수 있음을 의미한다. 이와 같은 상황을 기초할 때 피고 감정신청사항인 추가공사의 범위에는 4가지 가능성이 존재한다.

가능성 -1 (피고주장)

	기성청구시점	공사 타절시점	감정신청범위	
본공사	기 시공(본공사)	기 시공		
추가공사	기 시공(추가공사)	기 시공 / 추가시공	기 시공 / 추가시공	미 시공

가능성 -2

	기성청구시점	공사 타절시점	감정신청범위
본공사	기 시공(본공사)	기 시공	
추가공사	기 시공(추가공사)	기 시공 / 추가시공	미 시공

가능성 -3

	기성청구시점	공사 타절시점	감정신청범위
본공사	기 시공(본공사)	기 시공	
추가공사	기 시공(추가공사)	미 시공 / 추가시공	미 시공

가능성 -4

	기성청구시점	공사 타절시점	감정신청범위
본공사	기 시공(본공사)	미 시공	
추가공사	기 시공(추가공사)	미 시공	미 시공

이 사건 기성고공사비에 대한 피고 감정신청에는 두 가지 문제가 있다. 기성고공사비 기준금액인 정산잔액과 기 시공 부분에 소요된 공사비가 달라질 수 있다는 것이다. 본 공사 및 추가공사 전체를 기준할 때 미확정 사실이 있기 때문이다. 이와 같은 상황을 시점, 공사범위, 금액을 기준으로 정리하면 다음과 같다.

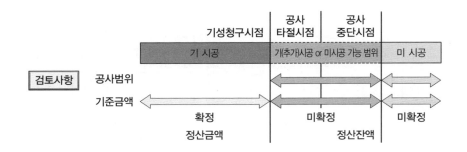

　살펴본 바와 같이 이 사건에서 확실한 것은 기성청구시점의 시공수량과 이를 기준한 정산금액 뿐이다. 따라서 정산잔액은 기성청구시점부터 공사타절시점까지 시공수량에 따라 달라질 수 있다. 그러므로 이 사건 피고 공사비를 산출하기 위해서는 정산잔액이 아닌 전체계약금액과 전체공사범위에 대해 공사중단시점의 미시공량을 확인하여 기성고공사비를 산출하여야 한다. 이에 대한 개념은 다음과 같다.

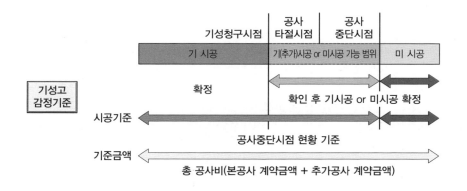

　이 밖에도 계약금액은 확정되었으나 도면이나 내역서가 없다면 추가 또는 변경시공이 발생할 경우 공사비를 구분하기 어렵다. 이와 같은 경우에도 상기 사례와 같이 최종 시공상태(본 공사 + 추가 또는 변경시공)를 기준으로 총 공사비를 확인하고 최초 계약기준(금액 & 범위 등)과 비교하여 기성고 공사비 및 추가공사비를 산출하는 것이 바람직하다.

기성고공사비감정에서 전제사실이 되는 것은 계약금액, 계약(공사)범위, 시점 세 가지다. 이는 판단의 기준이 되는 것들로 얼마, 어디까지, 언제에 따라 결과가 달라질 수 있다. 따라서 기성고공사비감정을 위해서는 해당 사건의 전반적인 상황을 이해하고 전제사실을 확인해야 한다. 하지만 상당수의 건설공사가 계약부터 이에 대한 명확한 구분 없이 진행되는 경우가 많으며 감정에서도 이를 확인하지 않아 문제가 되고 있다.

7. 감정인 제출자료 미확인

이 사례는 감정인이 예상 감정료산정서 제출 시 부적절한 감정방법을 제시하였으나 이를 확인하지 않아 부실감정으로 이어진 경우다.

원고는 인테리어공사 중 피고가 일방적으로 계약을 해지한 후 공사비를 지급하지 않아 공사비청구소송 중 공사비감정을 신청하였다. 원고가 청구한 공사비는 궁극적으로 기성고공사비에 해당한다. 그러므로 해당 감정은 대법원 판례에 따른 기성고공사비 산출방법을 적용해야 하는데 감정인은 당사자가 제출한 견적서 등을 근거로 '실비확인감정'을 하였다. 그리고 감정과정에 현장조사는 물론 당사자주장의 사실여부를 확인하지 않았다.

문제는 이와 같은 상황이 감정 전부터 예정되었다는 것이다. 감정인이 예상감정료산정서에 감정방법을 제시하였기 때문이다. 하지만 소송관계자들은 이를 확인하지 않았으며 감정기일 또한 진행되지 않아 잘못된 방법으로 감정이 이루어졌다. 그리고 이와 같은 상황은 사실조회를 통해 확인되었다.

사실조회

　아. 원고가 공사비용으로 지출하였다는 세금계산서 등에는 제작 및 설치비용이 포함되어 있는데, 유리, 조명, 가구, 전기 등은 일부만 설치되고 일부는 설치되지 않았으므로, 설치되어 있지 않은 유리 등에 대해서는 설치비용이 공제되어야 할 것으로 보이는데, 감정평가 시 설치되지 않은 유리 등에 대해 설치비용을 공제하였는지

답변사항

　: 본 감정은 원고가 지출하였다고 주장하고 법원에 증거로 제출한 증빙자

료를 기준으로 공사비를 산출하였으며, 상세한 감정기준은 감정보고서 4쪽의 "1.3 감정의 방법"과 "1.4 감정의 기준"으로 참고하시기 바랍니다.

감정보고서
1.4 감정의 기준
감정의 목적을 달성하고 감정할 사항을 감정하기 위하여 아래와 같은 기준으로 감정을 진행합니다. 즉 아래와 같은 기준으로 공사비 실비를 산출하였습니다.
1) 갑제1호증과 갑제6호증의 비목과 구분에 의하여 금액을 분류하여 정리하였습니다. (갑제2호증 계약금액은 갑제6호증 견적서에 근거하여 계약금액이 정해진 것으로 판단함)
2) 원고가 지출하였다는 실비의 진위 여부는 감정인이 판단할 수 없는 내용이므로 일단 공사비로 정리하여 감정하였습니다.
3) 갑제1호증과 갑제6호증의 공사비가 부가세 별도의 금액이므로 비교할 수 있도록 부가 별도로 감정하였습니다.
4) 본 감정은 원고가 제출한 자료에 근거하여 감정을 진행하였으므로 추후에 추가적인 자료가 제출되면 감정의 내용은 수정 및 추가될 수 있는 여지가 있습니다. 다만 추가되는 자료가 있을 경우, 그 내용을 기준으로 감정보고서를 보완할 경우에는 추가감정 비용이 들어갑니다.
5) 본 감정은 최종 예상 감정료산정서 제출 시 제시하였던 감정조건을 기준으로 감정하였습니다.

예상 감정료 산정서 감정조건
1) 현장조사 없음, 물량산출, 내역산정 없음
2) 감정목적물의 실비 확인 감정으로 함
3) 감정목적물과 관련된 도면(건축, 전기, 설비)드의 도서제출
4) 감정목적물에 대한 각종 자료제출(공사사진, 현장사진, 영수증 등)사진은 칼라
5) 감정목적물과 관련한 내역서, 계약서, 자재리스트 등의 각종자료제출
6) 감정할 사항은 감정목적물의 원고가 완성한 공사의 실비감정으로 함.
   (그 외 추가항목사항은 추가감정료 발생함)

이 사건 감정인은 실비확인과 관련하여 원고가 지급한 비용의 실체 및 구매 후 보관중인 자재나 제작 후 설치하지 못한 시설물 등에 대한 확인은 하지 않겠다는 모순된 감정방법을 제시하였다. 더욱이 감정인은 '원고가 지출하였다는 실비의 진위 여부는 감정인이 판단할 수 없는 내용이므로 일단 공사비로 정리하여 감정하였습니다.'와 같이 원고 주장금액이 사실과 다를 수 있다는 것을 감정인 스스로 인정하면서도 당초 제시한 잘못된 방법으로 감정을 한 것이다. 하지만 감정인 선정단계는 물론 감정이 진행되는 과정에서도 이에 대한 확인이나 문제제기는 없었다. 이처럼 감정인 제출 자료를 확인하지 않을 경우 잘못된 감정을 용인하는 결과를 불러올 수 있다.

8. 감정인 미확인

이 사례는 감정인 선정과정에서 감정인과 관련된 사항을 확인하지 않고 촉탁으로 진행하는 과정에 부실감정이 발생한 경우이다.

원고는 근린생활시설 신축공사와 관련하여 공사비를 청구하였고 피고는 이와 관련하여 하자감정을 신청하였다. 피고 감정신청사항에 대해 촉탁으로 감정이 진행되었으나 부실한 감정보고서가 제출되었다.

해당 감정보고서에는 감정인의 판단근거는 물론 하자의 발생여부 및 정도를 확인할 수 있는 항목별 사진과 발생부위를 표기한 현황도가 없으며 하자보수범위를 확인할 수 있는 수량산출서 또한 포함되지 않았다. 이에 대해 감정을 신청한 피고가 사실조회를 통해 산출근거제출 및 확인을 요청하였으나 감정인은 추가감정에 해당한다고 주장하였다. 감정인이 제출한 감정보고서의 항목별 감정사항은 다음과 같다.

8. 1층 계단 출입문의 몰딩이 떨어지는 하자가 발생한 사실 및 그 재시공 비용, 하자보수비용

하자 내용	하자 세부 내용	비용산정
계단 출입문의 몰딩이 떨어지는 하자	1층 계단 출입문의 몰딩이 떨어지는 하자가 발생한 사실 및 그 재시공 비용, 하자보수비용	93,765원

9. 건물 뒤편 1층 근린생활시설 부분에 처마의 구멍, 벽의 드라이비트 마감 불량 하자가 발생한 사실 및 그 재시공 비용, 하자보수비용

하자 내용	하자 세부 내용	비용산정
처마의 구멍, 벽의 드라이비트 마감 불량	건물 뒤편 1층 근린생활시설 부분에 처마의 구멍, 벽의 드라이비트 마감 불량 하자가 발생한 사실 및 그 재시공 비용, 하자보수비용	409,115원

이에 부득이 추가감정을 진행하였으며 추가감정보고서에는 추가감정과 더불어 당초 감정사항에 대해서도 확인할 수 있는 사진과 산출근거 등 자료를 첨부할 것을 지시하였다. 이에 따라 감정인이 제출한 추가감정 감정보고서의 항목별 감정사항은 다음과 같다.

1-2 2층 옥상 근린생활시설 부분 두겁석과 바닥 사이가 들뜬 시공으로 우천 시 누수현상이 발생하고 있어 이에 대한 하자보수비용

[₩: 68,234원]

품명	규격	단위	수량	재료비		노무비		합계		비고
				단가	금액	단가	금액	단가	금액	
01010102 1-2										
콘크리트 치핑(건축)	인력	M2	1	1,073	1,073	35,787	35,787	36,860	36,860	
수밀코팅(우레탄)	삼각. 5mm	M	7	65	455	4,417	30,919	4,482	31,374	
[합 계]					1,528		66,706		68,234	

2. 추가 감정사항

〈1층〉

1-1 1층 편의점 뒤쪽 배관누수(2층 안집 보조주방 아래쪽으로서 누수 원인을 찾기 위해 타일을 제거한 후 점검 중으로 이곳에 누수 원인이 있다면 강마루 부분까지 철거해야 하는지 여부)에 관한 하자보수비용

[₩: 5,000,000원]

품명	규격	단위	수량	재료비		노무비		합계		비고
				단가	금액	단가	금액	단가	금액	
01010201 1-1										
누수로 인한 하자보수		식	1	2,500,000	2,500,000	2,500,000	2,500,000	5,000,000	5,000,000	
[합 계]				2,500,000	2,500,000		2,500,000		5,000,000	

문제는 이 과정에서 감정인이 당초 감정외주를 통해 감정보고서를 작성한 것이 확인된 것이다. 추가감정을 위한 감정기일에 감정인은 최초감정에 대한 질문에 답변하지 못하고 동석한 일행이 답변하였는데 답변자가 해당 감정보고서를 작성한 외주감정인 측 실무자로 밝혀졌기 때문이다. 이에 감정인 선정과정을 확인한 결과 이 사건 감정인은 당초 이름과 자격만 명기된 감정인이력서를 제출하였으며 해당 감정이 처음이었다. 하지만 감정료는 3명의 후보자들 중 가장 낮았다.

표 22. 감정인 후보자 제출자료

감정인 후보자	예상감정료(원)	제출자료			비고
		감정료 산정서	감정인 이력서	기타	
해당 감정인	8,492,000	○	-	-	이력서 내용 부실
후보자 2	9,460,000	○	○	-	
후보자 3	11,000,000	○	○	○	감정계획서

해당 사례를 통해 감정인선정 전 감정인의 경력 및 제출 자료 확인과 더불어 감정기일의 중요성을 확인할 수 있다. 그리고 감정인을 선정할 때 감정료보다 더 중요한 것이 감정인의 경험과 자질임을 알 수 있다. 이 밖에 단계별 확인을 소홀이 할 경우 부실감정과 감정외주 같은 건설감정의 문제가 발생하며 이는 결국 소송 당사자들은 물론 법관에게도 시간과 비용의 낭비를 발생시키므로 주의가 필요하다.

Ⅱ. 감정방법의 오류

1. 당사자 주장금액 집계를 통한 감정금액 산출

이 사례는 감정신청의 오류 7. 감정인 제출자료 미확인과 같은 감정으로 대법원 판례에 따른 기성고공사비 산출기준 대신 당사자주장금액(견적서 및 간이영수증 등)을 집계하여 감정금액을 산출한 경우다.

원고는 인테리어공사 중 피고가 일방적으로 계약을 해지한 후 공사비를 지급하지 않아 공사비 청구소송과 함께 증거보전을 신청하였다. 그러나 증거보전신청은 받아들여지지 않았고 피고는 원고가 시공한 부위 중 일부를 철거하고 다른 업체를 통해 공사를 완료하였다. 이에 원고는 계약서, 설계도면, 공사 중단 시점의 사진과 견적서 및 자재구매 영수증을 근거로 공사비 감정을 신청하였다. 감정신청사항은 다음과 같다.

---

1. 감정의 목적

　　피고가 20**.**.**. 이 사건 도급계약을 부당파기하고 이후 이 사건 공사현장에서 원고가 완성한 공사 부분까지 철거함에 따라 현재 원고가 완성한 부분의 공사비는 피고의 임의 철거 전 이 사건 공사현장사진 및 원고와 피고 사이의 도급계약의 내용, 공사도면 등을 근거로 산정할 수밖에 없는 바. 이 사건 청구금액 상당의 공사비가 발생하였다는 원고의 주장사실을 입증하기 위함.

2. 감정의 목적물

　　. **구. 건물1층 중 이 사건 도급계약에 따라 원고가 완성한 공사부분

> 3. 감정사항
>> 1) 첨부된 공사도면 및 계획안에서 원고가 피고의 이 사건 도급계약 부당 파기일인 20**.**.**.까지 완성한 공사 내역 및 공사비용
>> 2) 첨부된 공사도면 및 계획안에서 시공되지 않은 공사내역 및 감액공사 금액

원고 감정신청사항은 궁극적으로 기성고공사비를 의미한다. 1) 원고가 피고의 이 사건 도급계약 부당파기일인 20**.**.**.까지 완성한 공사내역 및 공사비용은 기 시공 부분에 소요된 공사비에 해당하며, 2) 첨부된 공사 도면 및 계획안에서 시공되지 않은 공사내역 및 감액공사금액은 미 시공 부분에 소요될 공사비를 의미하기 때문이다. 이 사건 공사계약서에는 내역서는 물론 설계도면이 포함되어 있으며 원고는 공사가 중단된 시점의 상태를 확인할 수 있는 사진을 제출하였다. 그러므로 이를 근거로 기성고공사비를 산출할 수 있다. 하지만 감정인은 감정신청사항을 다음과 같이 임의로 수정하였다.

> 3. 최종 정리된 감정할 사항
> 원고가 증거로 제출한 자료를 기준으로 원고가 본 사건의 감정목적물 공사에 있어서 완성하였다고 주장하는 부분에 대한 실비 확인 감정

감정인은 원고제출자료(견적서, 영수증 등)에 명시된 금액을 재료비, 노무비, 경비로 구분하고 여기에 관리비 및 기업이윤을 반영하여 공사비를 산출하였다. 게다가 원고가 구매 후 사용하지 못했거나 제작 후 설치하지

못해 보관중이라고 주장하는 자재나 가구 등에 대해서도 확인하지 않았다. 따라서 해당 감정보고서를 통해서는 시공범위는 물론 자재구매 사실과 시공여부도 확인할 수 없다. 원고가 제출한 견적서나 영수증의 진위여부를 할 수 없으며 해당 자재가 실제 사용되었는지도 알 수 없기 때문이다.

이처럼 감정내용이 감정신청사항에 부합하지 않고, 적용근거도 객관적이지 않으며, 감정대상에 대해 확인하지 않는 등 부적절한 방법을 통해 도출된 감정결과는 감정을 신청한 당사자로부터도 신뢰받을 수 없다. 그래서 이 사건은 부득이 재감정이 이루어졌다.

2. 업체 비교견적을 통한 감정금액 산출

이 사례는 리모델링 공사비와 관련하여 감정인이 업체를 통해 제출받은 견적을 근거로 감정금액을 산출한 경우다.

원고는 피고가 시공한 자신의 건물 내·외부 리모델링 공사와 관련하여 피고에게 지급한 공사비가 과도함을 사유로 부당이득금반환소송을 제기했다. 반면 피고는 변경 및 추가시공에 대한 추가공사비를 청구하였다. 이에 원고는 추가 및 변경시공은 없으며 오히려 미시공과 일부 공종에 대한 공사비를 직불을 주장하였다. 그리고 피고는 시공현황을 기준으로 적정공사비를 확인하는 감정을 신청하였다. 피고 감정신청사항은 다음과 같다.

---

1. 감정의 목적
   피고가 원고로부터 도급받아 시공한 **시 **구 **로 소재 5층 건물의 리모델링 공사와 관련하여 공사비를 감정하여 피고의 주장사실을 입증하고자 함

2. 감정의 목적물
   **시 **구 **로 소재 5층 건물 리모델링 공사 부분

3. 감정사항
   첨부한 ****건물 리모델링 공사 견적서 및 ****건물 인테리어공사(1층 및 5층 변경)견적서를 기준으로
   1) 철거공사를 제외한 나머지 공사 중 시공되어 있는 부분과 시공되지 않은 부분은 각각 어떠한지
   2) 견적서와 달리 변경되어 시공되었거나 견적서에 표시되지 않았으나 시공된 부분은 어디인지
   3) 시공된 부분(변경 또는 견적서에 표시되지 않았으나 시공된 부분 포함)에 대하여 공과잡비, 각종보험료, 부가가치세, 적정이윤 등을 감안한 공사비가 얼마인지

상기 감정신청사항에 대해 감정인은 현장조사 시 산출한 수량을 기준으로 공내역서[61]를 작성하고 이를 시중 두 곳의 인테리어 업체를 통해 견적을 받아 감정금액으로 제시하였다. 감정보고서에 명시된 이 사건 감정의 기준 및 공사비 감정사항은 다음과 같다.

감정의 기준

1) 감정에 관련된 자료로 감정신청인이 제출한 공사 관련 도면과 공사 견적서 등이 있으나 리모델링을 위한 도면은 없었다.

2) 공사비 내역서는 현장조사를 실시하여 실제 시공된 공사항목을 확인하였으며, 그 내용에 따라 견적서 내용과 추가 시공된 부분의 내용을 분류하였다.

3) 조사는 비파괴 및 비손상을 원칙으로 하며, 마감으로 인해 확인이 불가능한 공종은 육안조사가 가능한 마감상태를 참고하여, 일반적인 시공 공정상 시공이 완료된 것으로 판단하였다.(예: 전기콘센트가 부착되어 마감된 상태는 전기배선공정은 완료된 것으로 판단함)

4) <u>인테리어공사 특성 상 재료 및 디자인이 주관적인 부분이 많아 표준품셈에 의한 공사비 산출로 적정한 일반공사비를 판단하기가 어려우므로 전문업체 견적으로 갈음한다.</u>

감정사항

3) 시공된 부분(변경 또는 견적서에 표시되지 않았으나 시공된 부분 포함)에 대하여 공과잡비, 각종보험료, 부가가치세, 적정이윤 등을 감안한 공사비가 얼마인지

　－ <u>인테리어공사 특성 상 재료 및 디자인이 주관적인 부분이 많아 표준품셈에 의한 공사비 산출로 적정한 일반공사비를 판단하기가 어려우므로 전문업체 견적으로 갈음한다.</u>

---

61 공내역서: 해당 공사와 관련하여 항목과 수량만 기입한 내역서. 발주자가 입찰참가자들에게 설계도면과 함께 배포하여 항목별 단가 및 이에 따른 공사비 총액을 제시토록 하는 총액 경쟁 입찰시 활용하는 내역서

감정사항

구분	공사금액 (부가세 별도)	비고
감정신청 견적서	791,807,407	
실제 공사내용 견적서1	509,991,575	업체견적
실제 공사내용 견적서2	519,086,092	업체견적

※ 단 상기 실제 공사내용 견적서는 자료 확인이 안된 항목(균열보수, 엘리베이터 빔골조, 철근노출 보강공사, 바닥보수공사, 계단공사, 층별 강판보강, 설계 및 감리비, 구조안전진단비 등)은 제외된 금액이므로 공사비 비교 시 참고 요망

감정인은 업체견적을 적용한 이유가 인테리어공사특성상 재료 및 디자인이 주관적인 부분이 많아 표준품셈에 의한 공사비산출로는 적정한 일반 공사비를 판단하기가 어렵기 때문이라고 주장하였다. 하지만 인테리어공사는 건축공사 중 수장 공사를 주 공정으로 하는 복합공사이므로 건축공사 표준품셈을 적용할 수 있으며 인테리어협회가 제시하는 별도의 품셈도 있다. 감정에서 부득이 업체견적을 원용할 수밖에 없는 경우가 있다. 해당 공사가 특수하여 표준품셈 자체가 없거나 특허 등으로 보호받고 있어 시중에 단가 등 관련근거가 없을 때다. 하지만 이런 경우가 아니라면 표준품셈과 같이 통용되는 기준을 적용하여 공사비를 산출하는 것이 바람직하다.

이 밖에도 업체가 제시한 견적금액 산출기준 또한 부적절했다. 자재비와 인건비 적용시점이 계약시점이나 공사완료시점이 아닌 감정시점을 기준으로 산출되었으며 업체견적서(업체견적)항목과 계약견적서항목에 차이가 있어 이들 항목 비교를 통해 검토하는 것 또한 불가능하였다. 이에 당사자들은 사실조회를 통해 관련근거 및 표준품셈을 적용한 공사비산출을 요청하였으나 감정인은 회신하지 않았다. 이와 같은 문제로 해당 감정보고서는 소송에서 증거자료로 활용되지 못했다.

3. 계약기준 배제 및 임의 할증

이 사례는 기성고공사비 감정에서 감정인이 계약내역서의 항목을 배제하고 일부항목에 대해 임의할증을 적용하는 등 감정방법이 잘못된 경우다.

원고는 피고로부터 공사를 도급받았으나 민원 등 원고의 책임 없는 사유로 공사를 계속할 수 없게 되어 계약해지를 통보하고 공사비를 청구하였다. 이에 피고는 민원 등 공사가 중단된 책임이 원고에게 있으며 청구금액 또한 인정할 수 없다며 원상회복 및 손해배상범위확정을 위해 기성고공사비감정을 신청하였다. 피고 감정신청사항은 다음과 같다.

---

1. 감정의 목적
　　이 사건 공사계약의 해제에 따른 원고의 원상회복 의무 및 손해배상책임에 있어 그 범위를 명확히 하기 위함

2. 감정의 목적물
　　시 *동 *번지 지상 건축물(시 **동 근린생활시설)

3. 감정사항
가. 원상회복의무 범위 관련
1) 기성고 비율(첨부 집계표 및 감정내역서 양식 각 참조)
　　가) 이 사건 공사 중단 시점인 20**.**.**.(원고의 이 사건 소장 접수일)을 기준으로 기 시공 부분에 소요된 공사비 내역 및 그 구체적인 근거
　　나) 이 사건 공사 중단 시점인 20**.**.**.(원고의 이 사건 소장 접수일)을 기준으로 미 시공 부분에 소요될 공사비 내역 및 그 구체적인 근거
　　다) 이 사건 기성고 비율[기시공 부분에 소요된 공사비 / (기 시공 부분에 소요된 공사비+ 미 시공 부분에 소요될 공사비)]

---

2) 기성고 공사대금

　　위 1)항 기성고 비율에 의한 이 사건 기성고 공사대금(약정금액 × 기성고 비율)

　　이 사건 공사계약은 총액계약이며 계약서에는 설계도면과 내역서가 포함되어 있다. 그런데 감정인은 이들 계약관련 서류를 배제하고 설계도면을 기준으로 계약금액과는 무관한 약정금액을 재산출하였다. 이 과정에서 설계도면 및 내역서 미흡을 사유로 일부 공종을 임의로 제외하였으며 이에 따라 산출된 약정금액을 기준으로 기성고공사비를 산출하였다. 그리고 민원 등으로 공사가 지연되어 흙막이 공사비가 증가하였다는 원고주장을 근거로 해당 항목에 대해 감정인이 단가를 임의로 할증하였으며 원고의 실행금액을 기준으로 별도의 기성고공사비를 산출하였다. 감정내용 및 항목별 구체적 감정사항은 다음과 같다.

1. 감정개요

　　본 감정 대상은 **시 **동 **번지 소재 주상복합건물 신축공사로 공사 중단시점(20**.**.**.) 및 설계도서 기준으로 원고가 시공한 기성고 및 기성공사비 감정을 실시하였으며, **민원발생으로 인한 공사비 증가에 대한 책임소재가 불명확하여 원고가 추가로 시행한 공사부분**(가설공사) **및 할증을 반영하여 추가로 기성고 및 기성공사비 감정을 실시하였다.** 또한 지하수개발공사 후 폐공처리에 대해 원고 및 피고의 견해가 상이하여 별도로 지하수개발공사 공사비를 산정하였으며, 재판부판결에 따라 반영되어야 할 것으로 사료된다.

2. 설계도서 기준 기성고 및 기성고 공사비

약정공사비	기성고	기성공사비	비고
2,800,281,000원	6.53%	182,858,000원	

3. 원고실행 기준 기성고 및 기성고 공사비

약정공사비	기성고	기성공사비	비고
2,800,281,000원	8.49%	237,743,000원	

4. 지하수개발 공사비

순공사비	간접공사비	총공사비	비고
30,199,186원	16,385,814원	46,585,000원	

4. 항목별 구체적 감정사항

4.1. 건축공사 약정금액 산정

　　본 기성공사비 감정에 있어 설계도면 및 내역서 미흡으로 산출이 불가능하거나 기성고 감정에 중요하지 않은 공정인 가설공사 중 리프트/타워기초, 토공 중 부대토목, 사우나공사, 전기/통신/소방공사, 설비공사, 사급자재대 중 엘리베이터, 지하수개발을 제외하여 약정금액을 재산정하였다.

1) 계약내역서 건축공사 순공사비 재산정

계약내역서 총공사비 재산정	비고
2,800,281,000원	

2) 설계도서 정부품셈 기성공사 총공사비

설계도서 정부품셈 총 공사비	비고
5,414,387,000원	

4.2. 설계도서 기준 기성고 및 기성 공사비

　　현장검증 및 원고/피고의 진술을 토대로 설계도서 기준으로 원고 측에서 시공한 정부품셈 기성공사비를 산출하였다.

1) 설계도서 기준 기성고 산출

정부품셈 건축공사비	정부품셈 기성고 공사비	기성고	비고
5,414,387,000원	353,584,000원	6.53%	

2) 설계도서 기준 기성공사비

　　재 산정된 약정공사비에 대한 설계도서 기준 기성율을 반영한 기성 공사비를 산정하였다.

약정공사비	기성고	기성공사비	비고
2,800,281,000원	6.53%	182,858,000원	

4.3. 원고 실행기준 정부품셈 기성공사비

현장검증 및 원고자료/진술을 토대로 원고가 실행한 정부품셈 기성공사비를 산출하였으며, 번화가/2차선도로 30%, 소음/진동 50% 노임할증을 반영했다.

1) 원고 실행 정부품셈 기성공사 총공사비

정부품셈 건축공사비	원고실행 공사비	기성고	비고
5,414,387,000원	459,745,000원	8.49%	

2) 원고 실행 기준 기성 공사비

재 산정된 약정공사비에 대한 설계도서 기준 기성율을 반영한 기성공사비를 산정하였다.

약정공사비	기성고	기성공사비	비고
2,800,281,000원	8.49%	237,743,000원	

4.4. 지하수개발 공사비

현장검증 및 원고/피고의 진술을 토대로 정부품셈 공사비를 산출하였다.

순공사비	간접공사비	총공사비	비고
30,199,186원	16,385,814원	46,585,000원	

감정인은 기성고공사비를 산출하기 위해 계약내역서와 별도로 내역서를 작성하였다. 그런데 해당 내역서는 계약내역서와 총공사비 및 공종이 일치하지 않는다. 공사가 이루어지지 않았거나 가설공사나 인테리어공사와 같이 설계도면이 없는 일부공종을 제외하였기 때문이다. 그리고 계약내역서를 기초로 미시공 되었거나 감정인이 확인하기 곤란한 일부공종을 제외하여 임의의 '약정공사비'를 산출하였다. 계약 및 감정기준(약정공사비, 기성고 산출기준 총 공사비) 공사비 및 기성고 산출기준은 다음과 같다.

표 23. 계약기준 vs 감정기준

구분	총 공사비	단가기준	공종기준	비고
계약기준	4,400,000,000	계약단가	19개 공종	
감정기준	2,800,281,000	계약단가	21개 공종	약정공사비
	5,414,387,000	표준품셈	21개 공종	기성고비율 산출

표 24. 계약 대비 감정인 적용기준

기성고 산출기준 (공사비 및 공종)			비고
계약내역서	감정보고서		
가설공사	가설공사	일부시공	
토공 및 가시설공사, 파일공사	토공사	일부시공	감정인 세분
	파일공사	일부시공	감정인 세분
	흙막이공사	일부시공	감정인 세분
철근콘크리트공사	철근콘크리트공사	미시공	
조적공사	조적공사	미시공	
방수공사	방수공사	미시공	
석공사	석공사	미시공	
타일공사	타일공사	미시공	
–	목공사	미시공	
금속공사	금속공사	미시공	
미장공사	미장공사	미시공	
창호공사	창호공사	미시공	
유리공사	유리공사	미시공	
도장공사	도장공사	미시공	
수장공사	수장공사	미시공	
–	지붕 및 홈통공사	미시공	감정인 신규
–	기타공사	미시공	감정인 신규
–	조경공사	미시공	감정인 신규
–	자재 및 운반공사	일부시공	감정인 신규
–	발생량 공제	미시공	감정인 신규
인테리어공사	–	기성고산출 제외	감정인 제외
사급자재 (레미콘,철근, EV,조경)	–	기성고산출 제외	감정인 제외
사우나공사	–	기성고산출 제외	감정인 제외
전기,통신, 소방공사	–	기성고산출 제외	감정인 제외
설비공사	–	기성고산출 제외	감정인 제외
지하수개발	–	별도산정	감정인 제외

감정인은 계약범위(공종) 중 일부를 제외 또는 세분하여 별도의 내역서를 작성하고 총공사비(약정금액)와 기시공부분에 소요된 공사비를 산출하였다. 그리고 이에 따라 산출된 기성고 비율을 '약정공사비'에 적용하여 기성고공사비를 산출하였다. 아울러 상기 내역서를 기준으로 일부 항목에 대해 할증을 반영한 '원고실행기준 기성고 및 기성고공사비'를 별도로 산출하였다. 민원 등으로 공사기간이 지연된 것을 공사의 난이도가 증가한 것으로 간주하였기 때문이다. 감정인이 산출한 약정공사비 산출기준과 이에 따라 산출된 기성고 비율 및 이를 약정공사비에 반영한 기성고공사비는 다음과 같다.

표 25. 기성고 비율

구분	표준품셈 기준	원고실행기준	비고
기성고 비율	6.5%	8.5%	

표 26. 기성고 공사비

약정 공사비	기성고 비율		기성고 공사비		비고
	표준품셈기준	원고실행기준	표준품셈기준	원고실행기준	
A	B	C	D=A*B	E=A*C	
2,800,281,000	6.5%	8.5%	182,858,349	237,743,857	감정

이 사건 감정의 목적은 해당 공사계약에 대한 기성고공사비를 확인하는 것이다. 그러므로 기성고공사비는 변경계약이 없는 한 당초 계약금액을 기준해야 하며 기성고 비율 또한 당초 계약한 일 전체에 대해 공사가 중단된 시점까지 시공 량을 기준한 비율이다. 그런데 감정인은 계약내역서가 있음에도 불구하고 별도의 내역서를 작성하면서 공종 일부를 제외한 약정공사비를 산출하고 이를 기준으로 기성고공사비를 산출하였다. 게다가 공사기간이 연장되어 간접비 등이 발행한 것에 대해 난이도라는 임의의 기준

을 적용하여 계약단가를 변경하고 이를 기준으로 별도의 기성고 비율을 산출하였다. 감정인은 이를 원고실행기준이라고 정의하였으나 실행의 의미는 공사 중 원고가 실제 투입한 금액이므로 계약단가를 임의로 할증하여 산출한 금액이 원고실행금액이 될 수는 없다. 설사 원고 실행금액을 확인할 수 있더라도 그 금액은 원고의 시공능력에 해당되므로 피고와 계약관계에 적용하는 것은 적절하지 않다. 감정인이 산출한 각각의 기성고 비율에 대해 약정공사비와 계약금액을 적용한 기성고공사비는 다음과 같다.

표 27. 계약금액 vs 약정공사비 기준 기성고 공사비

총 사비		기성고 비율		기성고 공사비		비고
		표준품셈기준	원고실행기준	표준품셈기준	원고실행기준	
A		B	C	D=A*B	E=A*C	
계약기준	4,440,000,000	6.5%	8.5%	289,932,000	376,956,000	
감정기준	2,800,281,000			182,858,349	237,743,857	

기성고 비율 산출에서 변하지 않는 것은 '기시공 수량'이다. 따라서 기성고 비율은 '미시공 수량'에 따라 달라진다. 그리고 기성고공사비는 기성고비율과 총공사비 즉 계약금액에 따라 달라진다. 그러므로 기성고공사비를 산출할 때는 기시공 수량 산출기준과 더불어 총공사비에 대한 전제사실 확인이 중요하다. 그렇지 않을 경우 이와 같이 잘못된 감정이 이루어지기 때문이다.

건설감정과 관련하여 제시된 기준은 기성고공사비 산출방법과 공동주택 하자판정기준 뿐이다. 그런데 기성고공사비는 판례를 통해 산출방법의 개념이 제시된 것일 뿐 세부기준은 없다. 그래서 기성고감정의 총 공사비와 유익비감정의 감가율 산출방법에 대해서는 감정인들 사이에서도 이견

이 있다.

　기성고감정과 관련하여 상기 사건과 같이 계약내역서와 달리 설계도면과 표준품셈에 따른 내역서를 다시 작성해야 한다고 주장하는 감정인도 있다. 물론 계약내역서가 없는 경우에는 설계도면과 시공현황을 기준으로 내역서를 작성하여 기성고 비율을 산출해야 한다. 하지만 당초 계약기준이 있음에도 감정인이 임의로 공종을 배제하거나 추가할 경우 총 공사비가 달라질 수 있다. 그리고 항목별 단가가 달라질 경우 총 공사비는 같아도 공종별 공사비가 달라져 기성고 비율이 달라질 수 있다.

4. 항목별 산출기준 상이

이 사례는 공사비 감정에서 감정인이 항목별 공사비 산출기준을 달리 적용하여 감정오류가 발생한 경우다.

원고는 시공자이며 피고는 건축주로 평당 공사비를 기준으로 50평(건축신고기준 50.49평)의 주택신축공사를 구두로 계약하였다. 하지만 공사 중 설계변경으로 연면적(사용승인기준 57.84평) 증가했으며 피고요청으로 추가 공사(부속건물)가 발생하였다. 이에 원고는 평당 공사비와 시공면적(사용승인 기준)을 기준한 공사비와 추가공사비를 청구하였다. 하지만 피고는 당초 계약면적을 기준한 공사비와 하자 및 미 시공 공사비 등을 주장하였다. 이에 원고는 시공현황을 기준한 공사비 감정을 신청했다.

그런데 감정인은 본 공사비에 대해서는 연면적에 한국감정원의 건축물 신축단가와 낙찰률을 적용하여 산출하였고, 추가공사비는 시공현황을 기준으로 표준품셈과 낙찰률을 적용하여 공사비를 산출하였다. 게다가 추가공사비와 관련하여 피고가 사실조회를 통해 산출금액 과다를 주장하자 일부 항목에 대해 업체 견적금액을 근거로 감정보완하였다. 항목별 감정금액 산출근거는 다음과 같다.

표 28. 항목별 공사비 감정금액

감정항목		감정금액	감정보완	산출기준	비고
본공사	주택	241,658,451	241,658,451	**연면적*신축단가*낙찰률**	
추가 공사	담장	22,526,508	22,526,508	**시공현황(산출수량)표준품셈*낙찰률**	
	주차장	4,103,247	4,103,247		
	처마	31,140,453	31,140,453		
	조경	354,761	354,761		
	화장실	5,690,734	5,690,734		
	데크	30,354,780	20,955,000	**산출수량*표준품셈*낙찰률→업체견적**	감정 보완
	창고	48,269,620	15,713,932		
계		384,098,553	342,143,084		

이 건 감정의 문제는 감정인이 적용한 항목별 공사비 산출기준과 산출방법이 다르다는 것이다.

한국감정원 신축단가는 설계도면이 작성되기 전 기획단계에서 계략적인 공사비를 추정하기 위해 활용하는 것으로 건물유형 및 마감재 수준에 따라 차이가 있다. 그런데 해당 건물은 설계도면이 존재하며 공사가 완료되었으므로 사용된 자재를 확인할 수 있다. 계약내역서가 없더라도 설계도면과 시공현황을 기준으로 수량을 산출하고 표준품셈에 따라 산출한 금액에 낙찰률[62]을 적용하여 공사비를 추정할 수 있다. 하지만 감정인은 이와 같은 방법을 적용하지 않았다. 반면 설계도면이 없는 추가공사에 대해서는 실측과 현황을 기준으로 표준품셈을 적용하여 추가공사비를 산출하였다. 이와 같을 경우 감정인에 제시한 감정금액이 원고가 실제 투입한 금액에 해당된다 하더라도 신뢰할 수 없다. 게다가 감정인은 피고가 산출된 금액에 이의를 제기하자 이들 산출방법과 또 달리 업체 견적을 근거로 감정금액을 수정하였다. 이처럼 적용기준이 일관 되지 않는 감정결과를 신뢰할 수 없다.

---

62 시공자 간 경쟁으로 인해 표준품셈에 따라 산출된 공사비가 시중 공사비 보다 높기 때문에 이를 보정하기 위한 것이다.

5. 불분명한 근거

이 사례는 하자보수비 감정에서 근거가 불분명한 경우다. 감정의 근거는 두 가지다. 감정인의 판단기준과 감정결론이 도출되는 과정에 확인된 사실이다. 하자소송의 경우 판단기준은 해당 항목이 하자로 인정될 수 있는 객관적인 이유이며 사실은 하자의 발생여부, 상태와 범위는 물론 이에 대한 보수비 산출근거다. 사실과 관련한 사항은 감정보고서의 사진, 현황도, 내역서 등을 통해 확인할 수 있다. 그리고 감정인의 판단기준은 현상을 근거로 발행원인을 확인하여 어떤 유형의 하자에 해당하는지에 대한 설명이다. 중요한 것은 이와 같은 판단기준은 구체적이고 객관적어야 한다는 것이다.

원고는 건축주로 피고가 시공한 주택(전통한옥)에 발생한 하자에 대해 감정을 신청하였다. 이에 감정인은 시공 상태를 기준으로 항목별로 다음과 같이 감정하였다.

표 29. 항목별 공사비 감정금액

감정신청사항		감정사항		비고
		판단근거	감정금액	
가	오폐수 배관 시설 부실공사로 인한 악취 등 하자	5. 공학적 가치의 손상	−	
나	보일러관련 각방 시스템 조절기 미설치	1. 보일러 시스템화 누락	712,500	
다-1	기초공사 부실시공에 따른 벽채 배부름 및 문 뒤틀림 등	5. 공학적 가치의 손상	−	
다-2	기초공사 부실시공에 따른 마사토 유실 및 벽체 균열발생	5. 공학적 가치의 손상	−	
라	기단석 및 대리석 부실시공 백화현상	2. 기단석 재시공	16,856,683	

감정신청사항		감정사항		비고
		판단근거	감정금액	
마	외벽 회벽 파손	3-1. 각종 소규모 하자-기둥과 벽사이 충진	470,000	
		3-2. 각종 소규모 하자-벽체의 뒤틀림	-	
바-1	외부 돌 자재 미시공-피고 직접시공	4-1. 기타하자 보수 – 기단하부경계석 설치	1,665,723	
바-2	진입도로부분 레미콘 미시공-피고 직접시공	4-2. 기타하자 보수 – 진입도로부분 보수비	476,000	
바-3	보일러실 까데기 출입문 미시공-피고 직접시공	4-3. 기타하자 보수 – 증축부분 유리공사	1,627,595	
사	외벽 벽돌 조적방식 변경시공에 따른 견고성 하자	5. 공학적 가치의 손상	20,400,000	일괄 산정

이 건 감정의 문제는 두 가지다. 감정인의 하자판단 기준인 '공학적 가치의 손상'이 추상적이고 주관적인 것과 보수비 산출근거가 없는 것이다. '공학적 가치'를 판단할 수 있는 기준은 없다. 있다면 감정보고서에 제시해야 한다. 하지만 해당 감정보고서에는 이에 대한 설명이 없다. 그리고 '공학적 가치 손상'의 정도, 보수범위를 확인할 수 있는 사진이나 현황도 등이 없으며 각각의 항목에 대한 보수비는 산출되지 않았다. 아울러 이들 항목에 대해 총괄하여 보수비를 제시하였는데 이 또한 보수방법 및 내역서 등 감정금액 산출근거가 없다. 이에 감정신청당사자를 포함한 소송관계자 모두 이들 항목에 대한 감정결과를 신뢰할 수 없다고 인정하였다.

6. 감정신청사항과 감정내용 불일치

이 사례는 하자보수비 감정에서 감정신청사항과 감정내용이 불일치한 경우다.

원고는 건축주로 피고가 시공한 건물에 발생한 하자에 대해 감정을 신청하였다. 원고가 주장한 하자는 누수 및 마감재 시공불량 등 전형적인 일반건축물 하자에 해당하였다. 하지만 감정인은 누수와 관련된 항목에 대해 당초 감정신청사항과 무관한 단열불량을 이유로 전체 철거 후 재시공 공사비를 산출하였다. 그리고 확인하지 않은 사항에 대해 보수비를 산출하고 산출근거 또한 제시하지 않았다. 감정신청사항과 감정사항은 다음과 같다.

표 30. 항목별 공사비 감정금액

감정신청사항	감정사항			비고
	판단근거 (발생원인)	보수기준	감정금액	
1. 1층 내부 누수, 외부균열	단열성능 부족	철거 후 재시공	46,748,000	임의 변경
2. 2층 201호 거실벽체 누수흔적	원고 주장	부분보수	1,129,000	미확인
3. 3층 천정누수, 마루 시공불량	시공불량	부분보수	5,505,000	
4. 옥상 물고임, 홈통, 지붕누수	시공불량	부분보수	7,733,000	
5. 수도계량기, 오수받이 물고임	시공불량	부분보수	2,174,000	
6. 대리석 마감부 얼룩	누수로 인한 오염	부분보수	8,457,000	
7. 징크판넬 → 칼라강판	변경시공	공사비 차액	6,277,000	
8. 옥상 파라펫 보수	균열	부분보수	3,174,000	
9. 계단실 옹벽 누수 보수	균열	부분보수	2,957,000	
10. 계단실 균열 보수	균열	부분보수	1,093,000	
11. 선홈통 주위 누수	누수로 인한 오염	부분보수	791,000	
12. 옥상 창문주위 누수	시공불량	부분보수	3,005,000	
13. 징크판넬 누수	–	부분보수	3,934,000	

당초 감정신청사항은 외벽에 발생한 누수의 원인을 확인하고 이에 대

한 보수비를 구하는 것이었다. 하지만 어떤 이유에서인지 감정인은 해당 항목에 대해 단열성능부족을 사유로 외벽 전체에 대해 철거 후 재시공 보수비를 산출하였다. 이에 피고는 사실조회를 통해 해당 항목에 대한 판단근거 제시 및 감정보완을 요청하였다. 하지만 감정인은 당초 감정결과를 고수하였으며 관련근거 또한 제시하지 않았다. 이에 감정신청당사자를 포함한 소송관계자 모두 해당 항목을 포함한 감정결과 전체에 대해 신뢰할 수 없다고 인정하였다.

감정보고서가 제출되면 먼저 감정사항이 신청사항과 감정의 목적에 부합되는지, 제시된 전제사실에 부합되는지를 확인하고 다음으로 감정방법과 관련근거가 제시되었는지 확인하여야 한다. 그리고 감정내용이 당초 신청사항과 다를 경우 감정신청당사자의 신청사항변경에 따른 것인지 아니면 감정인의 오류인지 확인이 필요하다. 감정신청사항에 오류가 있어 변경된 경우 감정결과에 대해서는 문제가 되지 않는다. 당사자들이 건축에 전문가가 아니기 때문에 표현방법 등에 한계가 있어 오류가 발생할 수 있기 때문이다.

감정신청오류는 감정기일에 확인되거나 감정진행 중 당사자 확인을 통해 밝혀진다. 하지만 감정오류일 경우 그렇지 않다. 감정오류가 감정인의 착오로 발생했을 경우 감정보완이 필요하다. 하지만 고의나 다른 이유에서 발생된 것이라면 해당 감정결과에 대한 신뢰도는 물론 감정인의 공정성 및 객관성과 관련해서도 문제가 된다.

부록

1. 표준 감정보고서 작성 예시 (서울중앙지방법원 건설감정실무 기준)
2. 건설감정료표준안 (서울중앙지방법원)
3. 엔지니어링 노임단가 (한국엔지니어링 협회, 2021년 기준)

1. 표준 감정보고서 작성 예시
(서울중앙지방법원 건설감정실무 기준)

감 정 서

경기도 ○○시 ○○읍 ○○리 ○○○○

2018.04.09.

감정인 ○○○

제 출 문

사 건 2016가합○○○○ 건물명도 등
원 고 ○○○○
피 고 ○○○○

  이 사건 감정신청서를 토대로 현장을 조사 · 확인하고 제반 자료와 기술적 검토를 통해 감정보고서를 작성하여 보고합니다.

2018. 4. 9.

  감정인 :

  주 소 :

  전 화 :

  이메일 :

○○지방법원 ○○지원 민사○○부 귀중

감정 수행 경과 보고

1. 감정보고서 제출 목록

구 분	제출도서 및 서류	제출부수	비 고
감정보고서	감정보고서	3부	

2. 감정인 업무수행 및 당사자 · 관계자 접촉 경과표

번호	일 자	장 소	참 가 자	내 용	비고
1	2017.12.15.	–	–	감정촉탁	
2	2017.12.18.	–	–	자료제출요청	공문
3	2017.12.22.	–	원고	의견서 외	전자소송
4	2018.02.08.	–	피고	준비서면	전자소송
5	2018.02.14.	–	피고	준비서면내용 요약 등	e-mail(재판부)
6	2018.02.19.	–	피고	관련도면	우편물(재판부)
7	2018.02.23.	–	피고	을호증 외	e-mail
8	2018.02.22.	–	–	현장조사일정통보	
9	2018.03.03.	현장	감정인 외 1명, 원 · 피고 외 2명	현장조사	
10	2018.03.06.~2018.04.05.	–	감정인 외1명	감정보고서 작성	
11	2017.04.06.	–	감정인	감정보고서 검토 및 수정	
12	2017.04.09.	–	–	감정보고서 제출	

감정요약문

사　건 2016가합○○○○ 건물명도 등
원　고 ○○○○
피　고 ○○○○

1. 감정사항 총괄표

구분	감정신청 항목	감정사항	비고
1	피고가 감정인에게 제출할 설계도면(CAD파일) 대로 이 사건 공장건물 및 이 사건 토지가 시공되었는지 여부	일부 불일치	세부사항 참조
2	이 사건 공장건물 및 이 사건 토지가 설계도면과 같이 시공되었다면 설계도면 상 각 자재의 물량과 피고가 작성한 견적서(별첨 서류 2.) 상 물량이 일치하는지 여부	일부 불일치	
3	위 견적서 기준으로 피고가 시공하지 않은 부분 및 시공된 부분만을 기준으로 발생한 공사대금 총액	329,813,291원	세부사항 참조
4	위 견적서 상의 단가가 업계 관행 상 적정한지 여부	상대적으로 높음	세부사항 참조
5	위 견적서 상의 단가가 업계 관행상 적정하지 않다면, 현재 이 사건 공장건물과 토지의 현황 상 투입되었을 것으로 예상되는 적정한 공사대금	426,051,159원	
6	피고가 실제 투입하였을 것으로 예상되는 적정한 공사대금이 인천지방법원 부천지원 2016타경481호 경매절차 상 이 사건 공장건물의 감정평가액 250,916,000원(별첨서류3. 감정평가서 참조)을 초과한다면, 경매절차 상 감정평가액과 실제 투입 공사대금의 액수가 다른 이유	항목별 감정사항 참조	

목 차

Ⅰ. 감정보고서

1. 개요

1.1 감정 개요

이 사건 감정대상은 ○○도 ○○시 ○○읍 ○○리 ○○○○ 소재 공장 건물이다. 감정의 목적은 피고가 주장하는 공사대금이 과다하게 부풀려져 있는지를 확인하기 위해 감정대상물에 대한 공사비를 확정하는 것이다. 이를 위해 2018.3.3. 현장조사를 실시하였다.

감정 대상 전경

1.2 감정 목적물 표시

구 분	내 용	비 고
주 소	00도 00시 00읍 00리 00000000	
용 도	**	
면 적	512m^2	
구조물의 구조형식	일반철골조	

1.3 감정 목적물 위치

2. 감정의 목적 및 감정신청사항

2.1 감정의 목적

이 사건 감정의 목적은 피고가 주장하는 공사대금이 과다하게 부풀려져 있는지를 확인하기 위해 감정대상물에 대한 공사비를 확정하는 것이다.

2.2 감정신청사항

1. 피고가 감정인에게 제출할 설계도면(CAD파일) 대로 이 사건 공장건물 및 이 사건 토지가 시공되었는지 여부

2. 이 사건 공장건물 및 이 사건 토지가 설계도면과 같이 시공되었다면 설계도면 상 각 자재의 물량과 피고가 작성한 견적서(별첨서류 2.) 상 물량이 일치하는지 여부

3. 위 견적서 기준으로 피고가 시공하지 않은 부분 및 시공된 부분만을 기준으로 발생한 공사대금 총액

4. 위 견적서 상의 단가가 업계 관행 상 적정한지 여부

5. 위 견적서 상의 단가가 업계 관행상 적정하지 않다면, 현재 이 사건 공장건물과 토지의 현황 상 투입되었을 것으로 예상되는 적정한 공사대금

6. 피고가 실제 투입하였을 것으로 예상되는 적정한 공사대금이 ○○지방법원 ○○지원 2000타경○○○○호 경매절차상 이 사건 공장건물의 감정평가액 250,916,000원(별첨서류3. 감정평가서 참조)을 초과한다면, 경매절차 상 감정평가액과 실제 투입 공사대금의 액수가 다른 이유

3. 감정기준

1) 전제사실

설계도면과 시공현황 일치여부에 대해서는 피고가 제출한 도면(출력도면 및 CAD 파일) 중 배치도에 대해서는 준공도면을, 부재규격 및 시설물설치 등에 대해서는 계약도면을 기준으로 판단하였다.[1]

피고가 제출한 견적서 항목을 기준으로 피고가 시공하지 않은 부분 및 시공된 부분만을 기준으로 발생한 공사대금 산출시 변경시공된 항목에 대해서는 확인수량을 적용하였으며 추가시공 항목은 제외하였다. 변경시공 항목의 경우 견적서의 규격 및 수량이 시공현황과 일치하지 않으며 추가시공에 대해서는 계약견적서에 품목 및 단가가 없기 때문이다.[2]

피고 견적서 상의 단가가 업계 관행상 적정한지 여부에 대해서는 원고 견적서 공사비와 2015년 건물신축단가표[3] 및 인근지역 사례[4]를 비교하여 판단하였다.

---

1) 허가당시에는 '나'동 위치가 '가'동 맞은편에 계획되었으나 '나'동 위치만 맞은편으로 이동하여 '가'동과 병렬로 시공되었으며 시설기준의 변경은 없는 것으로 확인되었기 때문이다.

2) 미시공·변경시공 및 추가시공 등 시공현황을 확인하여 산출한 수량에 대해서는 '감정항목 5. 위 견적서 상의 단가가 업계 관행상 적정하지 않다면, 현재 이 사건 공장건물과 토지의 현황 상 투입되었을 것으로 예상되는 적정한 공사대금'에 산출하였다.

3) 한국감정원

4) **시 **리 소재 제조시설, 연면적 396㎡, 2017.8월 견적기준

2) 감정기본자료

번호	제출일자	제출자	제출자료	자료형태	제출자료 보관			비 고
					감정인보관	감정보고서첨부	반환	
1	2017.12.22	원고	의견서,계약서,감정평가서 외	FILE	●	●	×	
2	2018.02.08	피고	준비서면	FILE	●	●	×	e-mail
2	2018.02.14	원고	준비서면내용요약, 설계도면 [CAD FILE]	FILE	●	●	×	e-mail
3	2018.02.19	피고	관련도면	서류	●	●	×	e-mail
4	2018.02.23	피고	을 제15,23,27,32,33,34호증	FILE	●	●	×	e-mail

3) 감정시점

이 사건 감정시점은 해당 건축물 준공일인 2015.2.3.이다.[5]

4) 조사방법

육안조사 및 실측을 통해 시공현황을 확인하였다.

5) 수량산출

① 실측 가능한 부분은 실측하고 실측 불가능한 부위는 도면 및 공사사진 등을 기준으로 수량을 산출하였다.

② 기타 사항은 건축통례를 적용하였다.

6) 공사비산출

이 사건 공장건물과 토지의 현황상 투입되었을 것으로 예상되는 적정한 공사대금은 시공현황(변경 및 추가시공 포함)을 기준으로 건축공사표준품

---

5)   2017.12.15. 감정기일 재판부 확인사항.

셈과 감정기준시점의 단가를 적용하여 산출한 금액에 공공공사 평균낙찰률 84.5%를 적용하여 산출하였다.[6]

7) 공사원가계산 제비율 적용

적정공사대금은 감정기준시점(2015.2) '공사원가계산 제비율'을 적용하였다.

구 분	비 목	공사원가계산 제비율		비고
		피고 견적서 기준	적정공사대금(2015.2)	
(1)재료비	직접재료비			
	소 계			
(2)노무비	직접노무비			
	간접노무비	(직노) × 5 %	(직노) × 9.1 %	
	소 계			
(3)경 비	산재보험료	(노무비) × 3.8 %	(노무비) × 3.8 %	
	고용보험료	(노무비) × 0.87 %	(노무비) × 0.87 %	
	건강보험료	(직노) × 1.7 %	(직노) × 1.7 %	
	연금보험료	(직노) × 2.48 %	(직노) × 2.49 %	
	노인장기요양보험	건강보험료 × 6.55 %	건강보험료 × 6.55 %	
	퇴직공제부금	(직노) × 2.3%	(직노) × 2.3%	
	환경보전비	(재료비+직노+기계경비) × 0.5%	(재료비+직노+기계경비) × 0.5%	
	안전관리비	(재료비+직노)× 1.86%	(재료비+직노)× 2.93%	
	기타 경비	(재료비+노무비)× 3.5%	(재료비+노무비)× 5.1%	
	소 계			
(4)일반관리비		(재료비+직노+경비)× 8 %	(재료비+직노+경비)× 6 %	
(5)이윤		(노무비+경비+일반관리비)× 10 %	(노무비+경비+일반관리비)× 15%	
(6)부가가치세		10.0 %	10.0 %	

8) 감정의 수정 · 변경

이 사건 감정은 시공현황과 제시된 자료에 의하여 감정한 것으로 추후 별도의 자료가 제출될 경우 수정 · 변경될 수 있다.

---

6) 표준품셈 및 물가조사정보지 단가에 따른 공사비는 시중 공사비보다 높다. 시공업체간 경쟁 입찰로 인해 단가가 상이하게 적용되기 때문이다. 그래서 이 건 감정에서는 재료비 및 노무비 등 단가에 공공공사 평균낙찰률 84.5%를 적용하여 적정공사대금을 산출하였다. 다만, 규격 등 확인이 불가능한 일부 항목에 대해서는 계약견적서 단가를 적용하였다.

4. 항목별 감정사항

1. 피고가 감정인에게 제출할 설계도면(CAD파일) 대로 이 사건 공장건물 및 이 사건 토지가 시공되었는지 여부

[원 · 피고 주장]

원고는 시공현황이 피고 제출도면 및 견적서와 일치하지 않는다고 주장하였다. 반면 피고는 설계도면과 견적서에 표기되지 않은 변대(변전설비)[7], 지하저수조, 관정 설치, 아스콘포장 등을 추가로 시공하였다고 주장하였다.

[확인사항]

현장조사를 통해 시공현황이 설계도면 및 견적서와 비교하여 일부 미시공 · 변경시공 및 추가시공 된 것을 확인하였다.

배치도 등 관련 도면을 기준으로 '변대'(변전설비) 설치로 인해 '나'동(사무동) 위치가 변경되어 이로 인한 '가'동(공장동) 위치 및 이에 따른 야적장 면적 등이 변경시공된 것을 확인하였다. 그리고 주출입구 벽체 및 문주 형태와 미관담장 기초형태가 변경시공 되었으며, 미관담장(매쉬휀스) 일부가 미시공된 것을 확인하였다. 이 밖에 당초 콘크리트 포장부위에 아스콘 포장이 추가시공된 것과 야적장 지중에 지하저수조 설치 및 지하수용 관정배관(추정)[8]이 설치된 것을 확인하였다.

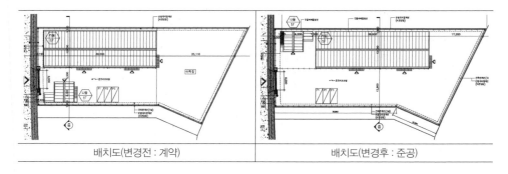

| 배치도(변경전 : 계약) | 배치도(변경후 : 준공) |

---

7) 당초 건축주 승압요청에 따라 추가공사
8) 야적장에 피고가 주장하는 관정으로 추정되는 관이 설치된 것을 확인 하였다. 관정설치는 신고 또는 허가사항이나 이와 관련한 서류나 관정설치에 소요된 비용을 확인할 수 있는 자료는 없다. 그래서 관정에 대한 공사비는 산출에서 제외하였다.

피고주장 추가공사-1. 변대(변전설비)

피고주장 추가공사-2. 지하저수조

피고주장 추가공사-3. 관정

피고주장 추가공사-4. 아스팔트 포장

　'가'동 내부에 설치된 구조부재(철골기둥 및 보, 벽체두께 등)는 도면과 일치하였으며, 전등 및 전기통신 관련시설도 설계도면에 따라 시공되어 있는 것을 확인하였다. 하지만 당초 '가'동 내부에 계획된 화장실 미설치로 인해 위생설비 · 전등 및 창호 등이 미시공된 것과 바닥 일부구간 에폭시페인트 미시공 및 소화기가 미설치된 것을 확인하였다. 이 밖에 '가'동과 관련하여 선홈통 및 외등이 추가시공된 것을 확인하였다.

　'나'동 내부에 설치된 구조부재(철골기둥 및 보, 벽체두께 등)는 도면과 일치하였으나 외벽 판넬을 지붕상부까지 연장하여 시공한 것과 창호크기 · 위치 및 2층 사무실 내부 마감재 등이 변경시공된 것을 확인하였다. 그리고 2층 외부 사인물 및 1층 식당 내부 싱크대, 화장실 내부칸막이, 방열기가 미시공 되었으며, 전기시설(콘센트, 통신선로 및 유선방송설비 등) 일부가 미시공된 것을 확인하였다.

설계도면과 비교하여 미시공 · 변경시공 및 추가시공 된 사항은 다음과 같다.

no	확인사항	관련도면번호		비고
		도면번호	도면명	
1	'나' 동 위치변경에 따른 배치 변경 – 인접대지경계선 및 건물간 거리변경 – 야적장 면적 변경 – 주출입구 형태 변경 – 북측 대지경계선	A–001 A–003 A–004 A–010 A–012	건물배치도 대지종 · 횡 단면도 우오수 및 상수계획도 도로점용 및 출입구 계획도 단지포장계획도	변경시공
2	주출입구 형태 변경	A–013 A–014	정문 평. 입면도 접철식 정문상세도	변경시공
3	단지 포장계획 변경(아스콘 추가시공)	A–012	단지포장계획도	추가시공
4	북측 인접대지 경계선 미관담장 미시공	A–001	건물배치도	미시공
5	미관담장기초 변경	A–015	메쉬휀스 상세도	변경시공
6	옥외광고물 미시공	A–017	옥외광고물 상세도	미시공
7	'가'동 에폭시페인트 일무 미시공 '나'동 사무실 벽체 마감 변경	A–019	실내재료마감표	변경시공
8	'나'동 사무실 벽체 마감 변경	A–028	주단면도(나동)	변경시공
9	'가'동 화장실 미시공	A–006. A–007 A–024 EE–05 EE–07 ET–04 EF–02	1층 평면도(가동) GL+6M 평면도 1층 창호부호평면도(가동) 지상1층 전등설비 평면도–가동 지상1층 전열 및 전력간설설비 평면도–가동 지상1층 구내통신선로 및 종합유선방송설비 평면도 지상1층 비상경보설비 평면도–가동	미시공
10	선홈통 추가시공, 전등 추가시공	A–009	정면 및 우측면도(가동)	추가시공
11	선홈통 추가시공.	A–010	배면 및 좌측면도(가동)	추가시공
12	ABC 분말소화기 미시공	EF–02	지상1층 비상경보설비 평면도–가동	미시공
13	'나'동 주장가구 미설치	A–026	1, 2층 평면도(나동)	미시공
14	'나'동 화장실 내부칸막이 미시공	A–026 EE–06	1, 2층 평면도(나동) 지상1층 전등설비 평면도(나동)	미시공
15	창호규격 및 설치위치 등 변경시공	A–026	1, 2층 팡호부호평면도, 창호일람표(나동)	변경시공
16	'나'동 외벽입면 변경시공	A–027	입면도(나동)	변경시공
17	옥외광고물 미설치	A–027	옥외광고물 정면도(나동)	미시공
18	사무실 바닥마감재 변경시공	A–028	주단면도(나동)	변경시공
19	1,2층 콘센트 일부 미시공	EE–08	지상1, 2층 전열 및 전력간선설비 평면도(나동)	미시공
20	1층 구내통신&유선방송설비 일부 미시공	ET–05	지상1,2층구내통신선로및종합유선방송설비평면도(나동)	미시공
21	ABC 분말소화기 미시공	EF–03	지상1,2층 소방설미 평면도(나동)	미시공

5. 결론

이 사건 감정대상 건축물의 적정 공사대금은 426,051,159원(VAT 포함)이다.

구분	감정신청 항목	감정사항	비고
1	피고가 감정인에게 제출할 설계도면(CAD파일) 대로 이 사건 공장 건물 및 이 사건 토지가 시공되었는지 여부	일부 불일치	세부사항 참조
2	이 사건 공장건물 및 이 사건 토지가 설계도면과 같이 시공되었다면 설계도면 상 각 자재의 물량과 피고가 작성한 견적서(별첨서류 2.) 상 물량이 일치하는지 여부	일부 불일치	
3	위 견적서 기준으로 피고가 시공하지 않은 부분 및 시공된 부분만을 기준으로 발생한 공사대금 총액	329,813,291원	세부사항 참조
4	위 견적서 상의 단가가 업계 관행 상 적정한지 여부	상대적으로 높음	세부사항 참조
5	위 견적서 상의 단가가 업계 관행상 적정하지 않다면, 현재 이 사건 공장건물과 토지의 현황 상 투입되었을 것으로 예상되는 적정한 공사대금	426,051,159원	
6	피고가 실제 투입하였을 것으로 예상되는 적정한 공사대금이 인천지방법원 부천지원 2016타경481호 경매절차 상 이 사건 공장건물의 감정평가액 250,916,000원(별첨서류3. 감정평가서 참조)을 초과한다면, 경매절차 상 감정평가액과 실제 투입 공사대금의 액수가 다른 이유	항목별 감정사항 참조	

Ⅱ. 감정 내역서

1. 공사비산출 내역서

공사원가 계산서

구분		비목	적용요율	계약견적서기준	시공기준 (계약견적서항목)	비고
공사비원가	(1)재료비	직접재료비	산출재료비	201,404,583	156,431,712	
		간접재료비	-	-	-	
		계		201,404,583	156,431,712	
	(2)노무비	직접노무비	산출노무비	70,319,717	55,681,021	
		간접노무비	직노 X 5%	-	-	
		계		70,319,717	55,681,021	
	(3) 경비	기계경비	산출경비	22,020,917	17,842,259	
		산재보험료	노무비 X 3.8%	2,672,149	2,115,879	
		고용보험료	노무비 X 0.87%	611,782	484,425	
		건강보험료	직접노무비 X 1.7%	1,195,435	946,577	
		국민연금보험료	직접노무비 X 2.48%	1,743,929	1,380,889	
		노인장기요양보험료	건강보험료 X 6.55%	78,301	62,001	
		퇴직공제비부금	직접노무비 X 2.3%	1,617,353	1,280,663	
		산업안전보건관리비	(재료비+직노) X 1.86%	10,403,071	9,294,297	5,349,000
		환경보전비	(재료비+직노+기계경비) X 0.5%	1,468,726	1,149,775	
		기타경비	(재료비+노무비) X 3.5%	9,510,351	7,423,946	
		소계		51,322,013	41,980,711	
		계		323,046,314	254,093,444	
(4) 일반관리비			(재료비+노무비+경비) X 8%	27,249,055	20,327,476	
(5) 이윤			(노무비+노무비+경비) X 10%	32,304,631	25,409,344	
합계				382,600,000	299,830,264	
(7) 부가가치세			10%	38,260,000	29,983,026	
총 공사비				420,860,000	329,813,291	

집 계 표

시공기준(계약업건직서항목)

품 명	규격	단위	수량	재 료 비 단가	재 료 비 금액	노 무 비 단가	노 무 비 금액	경 비 단가	경 비 금액	합 계 단가	합 계 금액	비고
직접공사비												
1 건축공사		식	-		107,574,931	-	33,438,478	-	10,163,565	-	151,176,974	
2 부대토목공사		식	-		37,897,455	-	14,445,079	-	6,578,694	-	58,921,228	
3 전기공사		식	-		7,687,525	-	3,930,000	-	1,100,000	-	12,717,525	
4 설비공사		식	-		3,271,801	-	3,867,464	-	-	-	7,139,265	
합계					156,431,712		55,681,021		17,842,259		229,954,992	

공사비산출 내역서

품 명	규 격	단위	수량	재 료 비		노 무 비		경 비		합 계		비고
				단가	금액	단가	금액	단가	금액	단가	금액	
						시공기준(계약견적서항목)						
건축집계표												
001 공통가설공사		식	1.0	-	560.000	-	694.400	-	2.385.600	-	3.640.000	
01 가설공사		식	1.0	-	168.520	-	1.969.220	-	352.000	-	2.489.740	
02 토공사		식	1.0	-	5.864.320	-	893.798	-	823.440	-	7.581.558	
03 파일공사(없음)		식	1.0	-	-	-	-	-	-	-	-	
04 철근콘크리트공사		식	1.0	-	24.707.427	-	7.140.182	-	1.495.871	-	33.343.480	
05 철골공사		식	1.0	-	26.140.982	-	8.461.228	-	1.706.714	-	36.308.925	
06 판넬공사		식	1.0		38.373.572		9.988.982		4.795.540		53.158.094	
07 창호 및 유리공사		식	1.0		8.840.700		715.000		990.000		10.545.700	
08 습식공사		식	1.0		2.120.602		3.142.843				5.263.445	
09 수장/금속공사		식	1.0		1.358.808		1.127.225				2.496.033	
합 계					107.574.931		33.438.478		10.163.565		151.176.974	

2. 일위대가 및 단가대비표

일 위 대 가 목 록 (시공현황기준)

품 명	규 격	단위	재료비	노무비	경 비	합 계	번호	비 고
SD1	800*2100	EA	190,079	96,458	1,247	287,784	호표 43	
HD-1(행거도어)	4000*5000	EA	1,161,878	321,661	56	1,483,595	호표 44	
HD-2(행거도어)	4000*4000	EA	860,792	206,218	48	1,067,058	호표 45	
크레인(타이어)	20ton, 8HR/일 기준	일	61,072	174,128	324,440	559,640	호표 46	
0.5B 벽돌쌓기	3.6m 이하	매	174	2,106	-	2,280	호표 47	
벽돌 운반	인력, 1층	매	-	32	-	32	호표 48	
철근콘크리트인방	100*100	M	6,149	10,285	-	16,434	호표 49	
모르타르 기계바름	기계마감	M2	15	214	12	241	호표 50	
바탕만들기+에폭시 코팅	바닥, 롤러칠	M2	4,555	5,724	-	10,279	호표 51	
시멘트 액체방수 -바탕 포함	바닥, 1종	M2	4,160	17,152	-	21,312	호표 52	
타일압착붙임(바탕 18mm+압 5mm)	바닥, 450*450(백색줄눈)	M2	19,251	23,970	511	43,732	호표 53	
타일떠붙임(18mm)	벽, 450*450(백색줄눈)	M2	19,048	25,300	706	45,054	호표 54	
타일 코너비드 설치	PVC 코너비드	M	880	2,855	-	3,735	호표 55	
경량철골전정틀	H-BAR, H:1m미만, 인써트 유	M2	8,280	8,180	-	16,460	호표 56	
PVC 천장재	W300	M2	10,681	9,596	-	20,277	호표 57	
PVC 몰딩	15*15	M	406	4,167	-	4,573	호표 58	
화장실칸막이	양면 0.2mm 라미네이트 마감, 현장설차도	M2	42,250		-	42,250	호표 59	
이동식강관말비계	2단(4m), 2개월	대	26,776	44,517	-	71,293	호표 60	
데크플레이트설치	아연 1.2mm	M2	18,845	7,614	-	26,459	호표 61	
스터드볼트설치/수동용접	M19*125	개소	497	366	-	863	호표 62	
계단공사		식	590,779	899,963	846	1,491,588	호표 63	
도장비	방청1, 조합1	M2	-	-	-		호표 64	
트럭크레인(20톤)	공장 - 일 처리능력 15톤	일	45,804	130,596	243,330	419,730	호표 65	
박공후레싱	C/S 0.5T W=600	M	10,100	1,861	-	11,961	호표 66	
PW1(PL 미서기단창)	2000*1000, 24mm로이유리, 방충망포함	EA	269,112	94,172	604	363,888	호표 67	
PW2(PL 미서기단창)	1000*1000, 24mm로이유리, 방충망포함	EA	136,580	60,816	459	197,855	호표 68	
PW3(PL 미서기단창)	600*600, 24mm로이유리, 방충망포함	EA	50,869	42,225	459	93,553	호표 69	
SD1	1600*2000	EA	375,706	167,088	2,494	545,288	호표 70	
SD2	900*2000	EA	190,079	96,458	1,247	287,784	호표 71	
SD3	800*2100	EA	190,079	96,458	1,247	287,784	호표 72	
아미텍스	T6 300*600	M2	4,199	9,596	-	13,795	호표 73	
SMC 천정재	열경화성수지 틀포함 300*300	M2	40,560	-	-	40,560	호표 74	
석고보드 접착붙임	벽, t9.5*2겹 붙임	M2	5,010	8,778	86	13,874	호표 75	
바탕만들기+수성페인트(롤러칠)	내부, 2회, 1급, 석고보드면(줄퍼티)	M2	1,776	7,126	87	8,989	호표 76	
도배 - 합판·석고보드면	벽, 실크벽지	M2	3,221	3,093	-	6,314	호표 77	
무늬목붙임	MDF+래핑	M2	31,307	8,171	163	39,641	호표 78	
창호주위 몰딩	W60, MDF+래핑	M	1,903	490	9	2,402	호표 79	
데코타일 깔기	3*450*450mm	M2	11,425	7,534	-	18,959	호표 80	
바닥고르기		M2	302	1,124	349	1,775	호표 81	
혼합골재	도착도, 보조기층용 40MM	M3	14,590	3,395	778	18,763	호표 82	
기초 지정	잡석지정	M3	17,548	4,730	778	23,056	호표 83	
와이어메시 깔기	#8 -150*150	M2	1,941	548	-	2,489	호표 84	

일 위 대 가 (시공현황기준)

품 명	규 격	단위	수량	재 료 비		노 무 비		경 비		합 계		비 고
				단 가	금 액	단 가	금 액	단 가	금 액	단 가	금 액	
컨테이너형 가설건축물 - 사무실 3.0*6.0*2.6m, 4개월 개소 (호표 1)												
컨테이너하우스	컨테이너하우스, 사무실용, 3.0*6.0*2.6m	개	0.133	1,774,500	236,009	-	-	-	-	1,774,500	236,009	금액제외
컨테이너형 가설건축물 설치	3.0*6.0*2.6m	개소	1	5,372	5,372	76,036	76,036	21,425	21,425	102,833	102,833	금액제외
컨테이너형 가설건축물 해체	3.0*6.0*2.6m	개소	1	5,372	5,372	76,036	76,036	21,425	21,425	102,833	102,833	금액제외
경비료 적용	합계의 100%	식	1	-	-	-	-	441,675	441,675	441,675	441,675	
[합 계]						-	-		441,674		441,674	
컨테이너형 가설건축물 - 창고 3.0*6.0*2.6m, 4개월 개소 (호표 2)												
컨테이너하우스	컨테이너하우스, 창고용, 3.0*6.0*2.6m	개	0.133	1,859,000	247,247	-	-	-	-	1,859,000	247,247	금액제외
컨테이너형 가설건축물 설치	3.0*6.0*2.6m	개소	1	5,372	5,372	76,036	76,036	21,425	21,425	102,833	102,833	금액제외
컨테이너형 가설건축물 해체	3.0*6.0*2.6m	개소	1	5,372	5,372	76,036	76,036	21,425	21,425	102,833	102,833	금액제외
경비료 적용	합계의 100%	식	1	-	-	-	-	452,913	452,913	452,913	452,913	
[합 계]							-	-		452,913		452,913	
조립식가설울타리/E.G.I철판 H=2.4, 4개월, 분진망 포함 M (호표 3)												
조립식 가설울타리 부재	EGI철판, S50*2400*1.0t	매	0.38	19,435	7,385	-	-	-	-	19,435	7,385	금액제외
강관비계	강관비계, 비계파이프, 48.6*2.3mm	M	0.484	2,732	1,322	-	-	-	-	2,732	1,322	금액제외
강관비계 부속철물	클램프 고정,자동	개	0.1863	1,284	239	-	-	-	-	1,284	239	금액제외
강관비계 부속철물	이음철물, 연결핀	개	0.0412	811	33	-	-	-	-	811	33	금액제외
조립식 가설울타리 부재	볼트/넛트	개	0.9775	429	420	-	-	-	-	429	420	금액제외
PE분진망		M2	2	768	1,536	-	-	-	-	768	1,536	금액제외
CONC인력비빔타설 / 가설	무근울타리기초	M3	0.038	-	-	-	-	208,857	7,937	208,857	7,937	금액제외
비계공	일반공사 직종	인	0.04	-	-	133,522	5,341	-	-	133,522	5,341	금액제외
보통인부	일반공사 직종	인	0.02	-	-	74,195	1,484	-	-	74,195	1,484	금액제외
공구손료	인력품의 5%	식	1	341	341	-	-	-	-	341	341	금액제외
굴삭기(무한궤도)	0.2m³	HR	0.05	6,153	308	21,766	1,088	9,507	475	37,426	1,871	금액제외
해체	설치품의 40%	식	1	-	-	2,730	2,730	-	-	2,730	2,730	금액제외
경비료 적용	합계의 100%	식	1	-	-	-	-	30,639	30,639	30,639	30,639	
[합 계]					-	-	-		30,639		30,639	
이동식화장실(대소변겸용) 4개월 대 (호표 4)												
FRP이동식화장실	이동식화장실, 폴리에틸렌, 이동수거식, 대소변겸용	개	0.133	3,996,850	531,581	-	-	-	-	3,996,850	531,581	금액제외
경비료 적용	합계의 100%	식	1	-	-	-	-	531,581	531,581	531,581	531,581	
[합 계]					-	-	-		531,581		531,581	
구조부 먹매김 일반 M2 (호표 5)												
건축목공	일반공사 직종	인	0.005	-	-	117,731	589	-	-	117,731	589	노임 12
[합 계]					-	-	588	-		-		588	
수평규준틀 평 개소 (호표 6)												
각재	각재, 외송	M3	0.0112	328,892	3,684	-	-	-	-	328,892	3,684	자재 133
건축목공	일반공사 직종	인	0.15	-	-	117,731	17,660	-	-	117,731	17,660	노임 12
보통인부	일반공사 직종	인	0.3	-	-	74,195	22,259	-	-	74,195	22,259	노임 1
[합 계]					3,683		39,918		-		43,601	
수평규준틀 귀 개소 (호표 7)												
각재	각재, 외송	M3	0.0176	328,892	5,789	-	-	-	-	328,892	5,789	자재 133
건축목공	일반공사 직종	인	0.3	-	-	117,731	35,319	-	-	117,731	35,319	노임 12
보통인부	일반공사 직종	인	0.45	-	-	74,195	33,388	-	-	74,195	33,388	노임 1
[합 계]					5,788		68,707		-		74,495	
건축물 보양 - 콘크리트 살수 M2 (호표 8)												

단 가 대 비 표

품명	규격	단위	재료비 기타자료	PAGE	거래가격	PAGE	유통물가	PAGE	물가자료	PAGE	적용단가	노무비 PAGE	적용단가	경비 기타자료	거래가격	유통물가	유통물가	조사가격	적용단가	번호	비고
콘사기(유반계도)	0.2㎥	대	-	-	-	-	-	-	-	-	-	-	-	-	-	-	-	55,208	55,208	자재 1	전형
콘사기(유반계도)	0.7㎡	대	-	-	-	-	-	-	-	-	-	-	-	-	-	-	-	96,703	96,703	자재 2	전형
덤프트럭	15ton	대	-	-	-	-	-	-	-	-	-	-	-	-	-	-	-	78,101	78,101	자재 3	전형
덤프트럭 자동입개시설	15ton	대	-	-	-	-	-	-	-	-	-	-	-	-	-	-	-	1,250	1,250	자재 4	전형
미개일 롤러(자주식)	8~10ton	대	-	-	-	-	-	-	-	-	-	-	-	-	-	-	-	47,758	47,758	자재 5	전형
연함 롤러(자주식)	10~14ton	대	-	-	-	-	-	-	-	-	-	-	-	-	-	-	-	54,460	54,460	자재 6	전형
진동 롤러(핸드가이드식)	0.7톤	대	-	-	-	-	-	-	-	-	-	-	-	-	-	-	-	5,670	5,670	자재 7	전형
타이어 롤러(자주식)	8~15ton	대	-	-	-	-	-	-	-	-	-	-	-	-	-	-	-	77,064	77,064	자재 8	전형
레어	80kg	대	-	-	-	-	-	-	-	-	-	-	-	-	-	-	-	1,134	1,134	자재 9	전형
쇄래이트 롬래터	1.5ton	대	-	-	-	-	-	-	-	-	-	-	-	-	-	-	-	1,448	1,448	자재 10	전형
크레인(타이어)	10ton	대	-	-	-	-	-	-	-	-	-	-	-	-	-	-	-	113,600	113,600	자재 11	전형
크레인(타이어)	20ton	대	-	-	-	-	-	-	-	-	-	-	-	-	-	-	-	215,029	215,029	자재 12	전형
크레인(타이어)	25ton	대	-	-	-	-	-	-	-	-	-	-	-	-	-	-	-	225,000	225,000	자재 13	전형
트럭탑재형 크레인	10ton	대	-	-	-	-	-	-	-	-	-	-	-	-	-	-	-	71,478	71,478	자재 14	전형
트럭 트레일러 및 트레일러리	20ton	대	-	-	-	-	-	-	-	-	-	-	-	-	-	-	-	54,503	54,503	자재 15	전형
아스팔트 페이버(피니사)	3m	대	-	-	-	-	-	-	-	-	-	-	-	-	-	-	-	177,545	177,545	자재 16	전형
아스팔트 스프레이어	400L	대	-	-	-	-	-	-	-	-	-	-	-	-	-	-	-	2,637	2,637	자재 17	전형
콘크리트펌프차	21m(65~75㎥/hr)	대	-	-	-	-	-	-	-	-	-	-	-	-	-	-	-	142,213	142,213	자재 18	전형
콘크리트 진동기	연조식용액(시험형 Φ45(2.6kw)	대	-	-	-	-	-	-	-	-	-	-	-	-	-	-	-	315	315	자재 19	전형
용접기(교류)	500Amp	대	-	-	-	-	-	-	-	-	-	-	-	-	-	-	-	544	544	자재 20	전형
Power Trowel	3.73kw, 5HP	대	-	-	-	-	-	-	-	-	-	-	-	-	-	-	-	2,142	2,142	자재 21	전형
피인발개(개당)	L=310mm	개	-	-	-	-	-	-	-	-	-	-	-	-	-	-	-	25	25	자재 22	전형
자갈	쇄내도착도. 25mm, #57	M3	-	-	23,000	93	-	-	23,000	103	23,000	-	23,000	-	-	-	-	-	-	자재 23	
자갈	자갈. 서울. 도착도. #57	M3	-	-	23,000	93	25,000	75	-	-	23,000	-	23,000	-	-	-	-	-	-	자재 24	
잡석	잡석. 서울. 도착도. 저장용	M3	-	-	21,000	93	-	-	20,000	103	20,000	-	20,000	-	-	-	-	-	-	자재 25	
모래	쇄내도착도	M3	-	-	23,000	93	-	-	23,000	103	23,000	-	23,000	-	-	-	-	-	-	자재 26	
모래	모래. 서울. 세차사. 도착도	M3	-	-	25,000	93	24,000	75	-	-	24,000	-	24,000	-	-	-	-	-	-	자재 27	
역암블럭(프제도강)	H=1000, 현장설치도	M	-	-	-	-	-	-	78,500	459	78,500	-	78,500	-	-	-	-	-	-	자재 28	
역암블럭(프제도강)	H=1200, 현장설치도	M	-	-	-	-	-	-	87,500	459	87,500	-	87,500	-	-	-	-	-	-	자재 29	
내수합판	내수합판.1급. 12*1220*2440mm	M2	-	-	8,835	578	8,801	406	8,801	-	8,801	-	8,801	-	-	-	-	-	-	자재 30	
종멀도용유판	종멀도 점유판. 9.0*1220*2440mm	M2	-	-	3,930	579	3,729	408	3,729	-	3,729	-	3,729	-	-	-	-	-	-	자재 31	
산소가스	산소.가스. 가배(㎥)	M3	-	-	2,167	1323	2,333	1238	2,167	-	2,167	-	2,167	-	-	-	-	-	-	자재 32	
산소가스	기체	L	-	-	2	1323	2	-	2	-	2	-	2	-	-	-	-	-	-	자재 33	
기타도박방수제	기타도박방수제. 방수액(2염도(1.50표색)	L	-	-	3,755	515	3,753	382	3,753	-	3,753	-	3,753	-	-	-	-	-	-	자재 34	

3. 수량산출서

수량산출서

품 명	규 격	단위	시공현황기준 수량	시공현황기준 산출 서식	비고
001 공통가설공사					
1-1 콘테이너가설사무소					
콘테이너가설사무소	6*2.4*2.6t	동	-	=미설치0	공사사진 기준
콘케이너가설창고	6*2.4*2.6t	동	1.0	=견적서수량1	공사사진 기준
가설휀스설치	EGI H=2.4 + 1.6분진망설치	m	-	=미설치0	공사사진 기준
	HOLD DOOR 8000*6000	m2	-	=미설치0	공사사진 기준
가설화장실	4개월	식	1.0	=견적서수량1	
가설전기	10Kw 임대	식	1.0	=견적서수량1	
가설전기료		개월	4.0	=견적서수량4	
가설용수 사용료		개월	4.0	=견적서수량4	
통신비		개월	4.0	=견적서수량4	
건축공사 가동					
01 가설공사					
먹매김		M2	432.0	=바닥면적 36*12	
수평규준틀	평	개소	8.0	=견적서수량8	
수평규준틀	귀	개소	4.0	=견적서수량4	
CON'C 보양	살수	M2	432.0	=바닥면적 36*12	
건축물보양-석재 타일면	하드롱지	M2	-	=미설치0	화장실 미시공
건축물 현장정리	철골조	M2	432.0	=바닥면적 36*12	
02 토공사					
터파기	보통토사, 백호 0.7M3	m3	222.4	=FI((1.4*1.5*1.0)+(1.0*0.5*0.5)*4ea)*16EA+바닥(12*36*0.4)	도면기준
되메우기 및 다짐	토사, 기계	m3	46.1	=234-(FI(1.5*1.4*0.4)+PI(0.5*0.35*0.6))*16EA-바닥(12*36*0.4)	
잔토처리	토사, 10KM	m3	176.4	=222.4-46	
잡석깔기지정	도착도, 200mm	m3	86.4	=바닥(12*36*0.2)	
PE필름 깔기	바닥 0.04mm*2겹	m2	432.0	=가동바닥(12*36)	
단열재	THK85MM 나등급	m2	432.0	=가동바닥(12*36)	
03 파일공사(없음)					
04 철근콘크리트공사					
레미콘/철근	25-24-12	m3	139.6	=(FI((1.5*1.4*0.4)+PI(0.5*0.35*0.6))*16EA+바닥(12*36*0.25)+FGI(0.4*0.4*5.1*14EA+0.4*0.4*11.4*2EA))*할증1.01	
레미콘/버림	25-18-12	m3	21.8	=바닥(12*36*0.05)*할증1.01	
철근콘크리트타설/펌프카(21m)	슬럼프15,300*3 이상(65-75)	m3	139.6	=(FI((1.5*1.4*0.4)+PI(0.5*0.35*0.6))*16EA+바닥(12*36*0.25)+FGI(0.4*0.4*5.1*14EA+0.4*0.4*11.4*2EA))*할증1.01	
무근콘크리트타설/펌프카(21m)	슬럼프6-12,50-100 3미만(80-95)	m3	21.8	=바닥(12*36*0.05)*할증1.01	
con't진동기(엔진, 인력유)	Φ45mm(2.6tkw)	m3	139.6	=139.57	
철근콘크리트용 봉강(이형철근)	HD-10,SD400,도착도	톤	0.6	=(PI(1.4*10EA)*16EA+FGI(0.4+0.6)*2EA*((36+12)*2EA/0.25+1))*할증1.03*0.56/1000	단위중량0.56KG/M
철근콘크리트용 봉강(이형철근)	HD-13,SD400,도착도	톤	9.2	=(SI((36/0.2+1)*12+(12/0.2+1)*36)*2EA+PI(대근(0.3+0.4)*2EA*(1/0.2+1)EA+보조대근(0.5+0.35)*(1/0.2+1))*16EA)*할증1.03*0.995/1000	단위중량0.995KG/M
철근콘크리트용 봉강(이형철근)	HD-19,SD400,도착도	톤	0.6	=(FI(1.5/0.3+1)*1.4+(1.4/0.3+1)*1.5)*16EA)*할증1.03*2.25/1000	단위중량2.25KG/M
철근콘크리트용 봉강(이형철근)	HD-22,SD400,도착도	톤	2.4	=(FGI(36+12)*8EA*2EA)*할증1.03*3.04/1000	단위중량3.04KG/M
철근현장가공 및 조립	보통(미할증)	톤	12.8	=0.6+9.2+0.6+2.4	
유로폼	벽	m2	128.8	=FI(1.5+1.4)*2EA*0.4*16EA+PI((0.5+0.35)*2EA*0.6)*16EA+FGI((0.4*5.1)*2EA)*14EA+FGI((0.4*11.4)*2	

세부수량 산출근거

품 명	규 격	단위	산출수량	산출 서식	비고
건축공사 나동					
5. 철골공사					
계단공사					
H-BEAM SS400	250*125*6/9	KG	424.40	=SGⅡ(1.2*3EA+4.9*2EA)*할증1.07*29.6	
PLATE	16T-6T	KG	54.35	=(0.3*1.2*16+0.2*1.2*17EA+1.2*1.2)*할증1.1*단중4.38	
각형강관	□-50*30*2.1	M	16.49	=(H1.2*7EA+손스침(1.2+1.2+4.9))*할증1.05	1.721KG/M
각형강관	□-30*30*2.1	M	17.85	=(L1.2*6EA+4.9*2EA)*할증1.05	2.41KG/M
도장	광명단 위 유성P	M2	66.66	=(1.2*7EA+(1.2+1.2+4.9)*3EA)*2*할증1.1	
철골세우기		TON	0.40	=SGⅡ(1.2*3EA+4.9*2EA)*29.6/1000	
잡철물제작설치-강판	보통	KG	49.41	=강판(0.3*1.2*16+0.2*1.2*17EA+1.2*1.2)*단중4.38	
잡철물제작설치	간단	KG	67.99	=각관(H1.2*7EA+(1.2+1.2+4.9))*1.721+(L1.2*6EA+4.9*2EA)*단중2.41	
부대공사					
나. 우오수 맨홀 및 담장공사					
담장(도로집)	난간 포함				변경/구분
기초	레미콘/철근	25-24-12	M3	6.57	=H1.3*W0.25*L20*자재할증1.01	
	철근콘크리트타설/펌프카(21m)	슬럼프15,300*3 이상(65-75)	M3	6.50	=H1.3*W0.25*L20	
	철근콘크리트용 봉강(이형철근)	HD-10,SD400,도착도	톤	0.15	=((20/0.2+1)*(0.9+0.5)+(0.9/0.2+1)*20)*할증1.03*0.56/1000	
	철근콘크리트용 봉강(이형철근)	HD-13,SD400,도착도	톤	0.08	=20*4EA*할증1.03*0.995/1000	
	철근현장가공 및 조립	보통(미할증)	톤	0.22	=((20/0.2+1)*(0.9+0.5)+(0.9/0.2+1)*20)*0.56/1000+(20*4EA*할증1.03*0.995/1000)	
	거푸집	벽, 유로폼	M2	52.00	=(H1.3*2EA)*L20	
	거푸집	벽, 문양거푸집 910*910	M2	16.56	=0.91*0.91*20	
투시형담장	각형강관	□-60*60, 1.6T	M	5.67	=H0.6*9EA*자재할증1.05	2.88
	각형강관	□-30*30, 1.6T	M	29.40	=L2.0*상하2EA*난간7EA*자재할증1.05	1.38
	원형강관	Φ21.7*1.8T	M	55.13	=H0.5*난간당15EA*난간7EA*자재할증1.05	0.88
	도장	방청, 유성	M2	7.95	=(0.06*4)*길이(0.6*9)+(0.03*4)*길이(L2.0*상하2EA*난간7EA)+(0.01*3.14*2)*길이(H0.5*난간당15EA*난간7EA)	
	잡철물제작설치		KG	100.55	=(H0.6*9EA)*단중2.88+L2.0*상하2EA*난간7EA*단중1.38+H0.5*난간당15EA*난간7EA*단중0.883	
담장(경계)	콘크리트 기초				
기초	레미콘/철근	25-24-12	M3	36.25	=(투시①((0.5*0.25)+(0.25*0.9))*(북67+남34)+투시②(0.3*0.3*0.5)*12EA)*할증1.01	
	철근콘크리트타설/펌프카(21m)	슬럼프15,300*3 이상(65-75)	M3	35.89	=투시①((0.5*0.25)+(0.25*0.9))*(북67+남34)+투시②(0.3*0.3*0.5)*12EA	
	철근콘크리트용 봉강(이형철근)	HD-10,SD400,도착도	톤	0.73	=((101/0.2+1)*(0.9+0.5)+(0.9/0.2+1)*101)*할증1.03*0.56/1000	
	철근콘크리트용 봉강(이형철근)	HD-13,SD400,도착도	톤	0.41	=(북67+남34)*4EA*할증1.03*0.995/1000	
	철근현장가공 및 조립	보통(미할증)	톤	1.11	=((101/0.2+1)*(0.9+0.5)+(0.9/0.2+1)*101)*0.56/1000+(북67+남34)*4EA*0.995/1000	
	거푸집	벽, 유로폼	M2	232.30	=((0.25*2EA)+(0.9*2EA))*(북67+남34)	
메쉬휀스	메쉬휀스	H-1.1, 앙카고정	M	101.00	=북67+남34	
	메쉬휀스	H-1.3, 앙카고정	M	20.00	=남20	
문주			식		=1	변경

Ⅲ. 현장조사자료

1. 현황사진

| 철골기둥 규격(H−300×150×6.5×9) | 철골기둥 규격(H−300×150×6.5×9) |

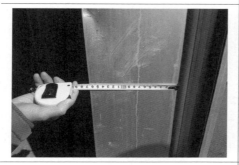 

| 외벽판넬 두께 (공장동:150mm) | 창틀 및 외벽판넬 두께(사무동:150mm) |

| 화장실 외부 | 화장실 내부 |

| 화장실 (여) | 화장실 (남) |

2. 조사현황도

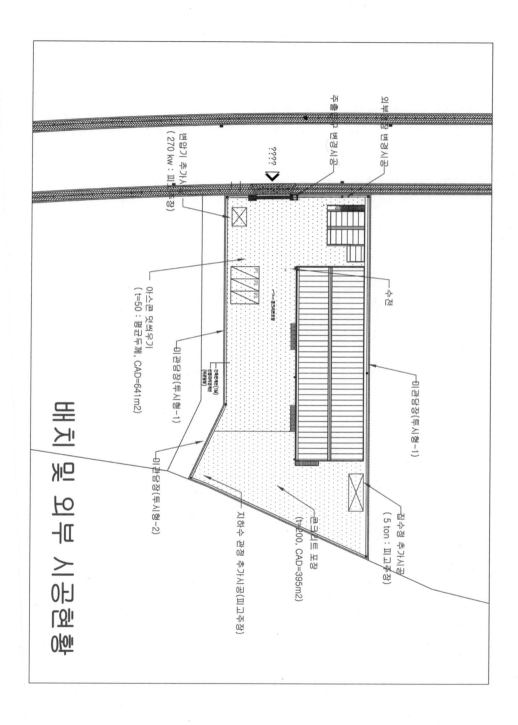

배치 및 외부 시공현황

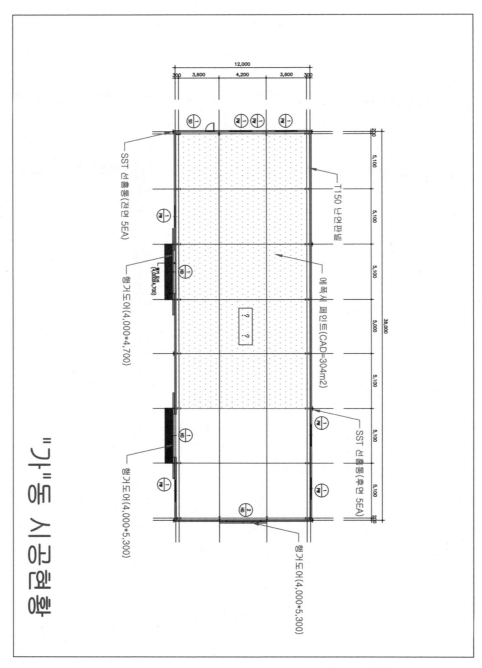

황룡리 공사 현황 "가"동

Ⅳ. 참고자료

1. 2015 건물신축단가표(한국감정원)

한감가 2015-1

건물신축단가표

한국감정원
KOREA APPRAISAL BOARD

분류번호	용 도	구 조	급수	표준단가 (m²)	내용연수
6-1-6-15	일반공장	철골조 철골지붕틀 샌드위치판넬잇기 (층고 6m)	3	517,000	35 (30~40)

o 주요재료 및 실내마감표

구분 실명	바 닥	내 벽	천 장	창 호	주요재료
공 장 화 장 실	콘크리트위플로어하드너 액체방수위바닥타일	샌드위치판넬 액체방수위벽타일	무석면보드위수성페인트	알루미늄창 및 철제행거도어	• 외벽 : 샌드위치판넬 • 주기둥 : 350×350(㎜)

o m²당 공사비 적산표

구 분	주요공사내역	공사비	구성비	재료비:노무비
1. 가 설 공 사	공통가설, 일반가설	25,227	4.87	12:88
2. 기 초 및 토 공 사	터파기, 잡석다짐, 레미콘(#467)	9,906	1.91	57:43
3. 철 근 콘 크 리 트 공 사	레미콘(#57), 철근가공조립	24,587	4.75	64:36
4. 철 골 공 사	철골가공조립 및 세우기, 조합페인트	177,923	34.41	49:51
5. 조 적 공 사	시멘트벽돌쌓기(1.0B), 8″ 블록쌓기	8,062	1.55	31:69
6. 방 수 공 사	액체방수	208	0.04	9:91
7. 미 장 공 사	시멘트물탈미장, 플로어하드너	5,114	0.98	2:98
8. 타 일 공 사	모자이크타일, 세라믹타일	1,729	0.33	41:59
9. 창 호 공 사	철제문, 알루미늄창, 철제행거도어, 하드웨어	4,655	0.90	63:37
10. 유 리 공 사	투명유리 3mm	366	0.07	33:67
11. 도 장 공 사	조합페인트, 수성페인트(내부 3회)	487	0.09	20:80
12. 지 붕 및 홈 통 공 사	PVC선홈통, 샌드위치판넬(50mm, 75mm), 칼라쉬트물받이	29,756	5.75	97:3
13. 수 장 공 사	아스칼텍스, 비닐타일, 밤라이트	577	0.11	79:21
14. 금 속 공 사	강관핸드레일, 와이어메쉬(#8)	21,532	4.16	31:69
15. 운 반 공 사	철근, 시멘트, 모래, 자갈, 잡석	1,974	0.38	50:50
16. 고 자 재 대 공 제	고철근	-63	-0.01	100:0
계		312,040		50:50
제 경 비	간접노무비, 산재보험료, 안전관리비, 건강보험료, 연금보험료, 환경보존비, 경비, 일반관리비, 이윤	93,960	18.36	
건 축 공 사 비 합 계		406,000		
설 계 비		13,000	2.51	
감 리 비		8,000	1.55	
전 기 기 본 공 사 비		90,000	17.41	
합 계		517,000	100%	

2. 비교대상 건축물 공사비 견적서

(00시 00리 제조시설)

見 積 書

일 자 : 2017년 08월 7일

아래와 같이 견적합니다.

	상 호	가온디앤씨(DNC)
귀하	주 소	경기도 김포시 학운면 순환로 125-25
	성 명	김수원
	연 락	T:031-988-0214 F:031-935-0519

수 신 :: 관리

품 명 :: 아파트신축공사

합계금액 : ₩190,000,000 (일억구천만원)

품 명	규격	수 량	단위	단 가	금 액	비 고
총 공사비	식	1		₩190,000,000		
계					₩190,000,000	

비고) 1. 견적유효기간
2. 부가가치세
3. 수도,전기 인입비용

| 합 계 | | | | | ₩190,000,000 | |

1. 공사내역

합 계 금 액(VAT포함)   ₩190,000,000

2. 건설감정료 표준안

(서울중앙지방법원)

https://seoul.scourt.go.kr

기성고 감정료 표준안

기성고 감정료 표준안

사건번호 :

건물유형			건축물 구 분	1종 단순	2종 보통	3종 복잡	보정지수	부분 조사 비율
연면적	1,000 ㎡			0.9	1.0	1.1	1.0	100%

구 분	업무내용	기 술 자 (인)			산 출 근 거			
		감정인	감정인보조자 (특급-초급)	계				
1. 감정기일 출석	① 감정사항 검토	0.50 인		0.50 인	- 수도권 법원 기준 출석 소요 시간 4시간 소요 0.5인 산정			
	② 법원 출석, 선서							
2. 사전 준비	① 과업수행계획서 작성	0.50 인		0.50 인 투입 인원	0.500인	300 ㎡ 이하 0.3인, 1000~ 3000㎡ 이하 0.5-1인, 10000㎡ 이하 2인, 10000㎡ 초과 최대2인		
	② 현장조사 준비							
3. 현장 조사	① 기시공 부분 조사	0.20 인	1.80 인	2.00 인 투입 인원	2.000인	300 ㎡ 이하 1인, 1000~ 3000㎡ 이하 2-4인, 10000㎡ 이하 8인, 10000㎡ 초과 10000㎡마다 8인추가		
	② 기타 현장조사							
4. 현장조사서 정리	① 기시공/미시공 현황도 작성	0.60 인	5.40 인	6.00 인 투입 인원	6.000인	300 ㎡ 이하 3인, 1000~ 3000㎡ 이하 6-10인, 10000㎡ 이하 12인, 10000㎡ 초과 최대12인		
	② 현장조사서 정리							
5. 감정내역서 작성	① 수량산출서 작성	1.50 인	13.50 인	15.00 인 투입 인원	15.000인	300 ㎡ 이하 5인, 1000~ 3000㎡ 이하 15-20인, 10000㎡ 이하 25인, 10000㎡ 초과 10000㎡마다 25인추가		
	② 기시공/미시공 감정내역서							
6. 감정보고서 작성	① 구체적 감정사항 작성	0.20 인	1.80 인	0.20 인 투입 인원	2.000인	300 ㎡ 이하 1인, 1000~ 3000㎡ 이하 2-4인, 10000㎡ 초과 최대4인		
	② 감정 결과 및 보고서 작성							
투입인원 소계		3.50 인	22.50 인	24.20 인	기술사단가	특급단가	고급단가	중급단가	초급단가

					기술사단가	특급단가	고급단가	중급단가	초급단가
직접인건비			₩	5,931,973	@348,160	@264,306	@209,485	@190,910	@149,647
					1,218,560		4,713,413		

건축물 종별 구분		1.0	₩	-	투입인원			
					사전준비	현장조사	내업	소계
직접비 소계			₩	5,931,973	1.00인	2.00인	21.20인	24.20인
제 경 비	직접비의 60%	₩	3,559,184	여비(지방 주재시 산정)			
기 술 료	(직접비 + 제경비)의 15%	₩	1,423,673	운임	숙박비	식비	일비
여비 (소재지)	미적용	₩	-	₩ 38,500	₩ 50,000	₩ 40,000	₩ 40,000
계		₩	10,914,829	연비10 km/L	1일50,000원	1일20,000원	1일20,000원
단수 정리		₩	14,829	1,540원/L	1일(2인1실)	2인	2인
산정 금액		₩	10,900,000	왕복거리 250km	* 교통비 자동차 이용, 연비 소나타 기준, 휘발유단가 오피넷 기준, 숙박비 5만원 적용, 인원 올림 적용		
V.A.T		₩	1,090,000	1대			
합 계		₩	11,990,000				

변경사항 및 변경사유	

* 건축종별 복잡도 보정, 전체조사 필요시 전체조사 비율 조정

* 면적별 투입인원 직선보간법 적용

* 여비 민사소송비용규칙 별표2 적용

년   월   일

회사명

감정인   (인)

추가공사대금 감정료 표준안

추가공사대금 감정료 표준안

사건번호 :

건물유형		건축물 구분	1종 단순	2종 보통	3종 복잡	보정지수	전체조사	항목 개수	항목가중치
연면적	580 ㎡		0.9	1.0	1.1	1.0	전체	53 개	단순

구 분	업무내용	기 술 자 (인)			산 출 근 거				
		감정인	감정인보조자 (특급-초급)	계					
1. 감정기일 출석	① 감정사항 검토	0.50 인		0.50 인	- 수도권 법원 기준 출석 소요 시간 4시간 소요 0.5인 산정				
	② 법원 출석, 선서								
2. 사전 준비	① 과업수행계획서 작성	0.38 인		0.38 인	투입 인원	0.380인	300 ㎡ 이하 0.3인, 1000- 3000㎡ 이하 0.5-1인, 10000㎡ 이하 2인, 10000㎡ 초과 최대2인		
	② 현장조사 준비								
3. 현장 조사	① 감정항목별 조사	3.31 인		3.31 인	항목별 인원	0.063인	항목당 (단순)20분, (복잡)60분, (복합)120분		
	② 건축물 현황 조사		1.40 인	1.40 인	투입 인원	1.400인	300 ㎡ 이하 1인, 1000- 3000㎡ 이하 2-4인, 10000㎡ 이하 6인, 10000㎡ 초과 10000㎡'마다 6		
4. 현장조사서 작성	① 조사현황도 작성		3.31 인	3.31 인	항목별 인원	0.063인	항목당 (단순,복잡)30분, (복합)60분		
	② 현장조사서 정리								
5. 감정내역서 작성	① 수량산출서 작성		3.31 인	3.31 인	항목별 인원	0.063인	항목당 (단순,복잡)30분, (복합)120분		
	② 감정내역서 작성								
6. 감정보고서 작성	① 구체적 감정사항 작성	3.31 인		3.31 인	항목별 인원	0.063인	항목당 (단순)30분, (복잡)120분, (복합)180분		
	② 감정 결과 및 보고서 작성								
투입인원 소계		7.51 인	8.03 인	15.53 인	기술사단가	특급단가	고급단가	중급단가	초급단가
직접인건비			₩	4,733,588	@371,891	@292,249	@242,055	@220,497	@172,529
					2,791,055		1,942,533		
건축물 종별 구분		1.0	₩	-	투입인원				
직접경비(시험, 검사비용 등)					사전준비	현장조사	내업	소계	
직접비 소계			₩	4,733,588	0.88인	4.71인	9.94인	15.53인	
제 경 비	직접비의 60%		₩	2,840,153	여비(지방 주재시 산정)				
기 술 료	(직접비 + 제경비)의 15%		₩	1,136,061	운임	숙박비	식비	일비	
여비 (소재지)	미적용		₩	-	₩ 107,800	₩ 150,000	₩ 100,000	₩ 100,000	
계			₩	8,709,801	연비10 km/L	1일50,000원	1일20,000원	1일20,000원	
단수 정리			₩	9,801	1,540원/L	3일(2인1실)	5인	5인	
산정 금액			₩	8,700,000	왕복거리 700km	* 교통비 자동차 이용, 연비 소나타 기준, 휘발유단가 오피넷 기준, 숙박비 5만원 적용, 인원 올림 적용			
V.A.T			₩	870,000	1대				
합 계			₩	9,570,000					
변경사항 및 변경사유	예) 사전 조사 결과, ①감정항목별 현황조사 기준인원이 4.38인이나 추가공사 조사 부위가 고소부위에 많고, 공사종류도 주차설비등 장비 분야가 다수 포함되어 있어 7인으로 변경함								

* 건축종별 복잡도 보정, 전체조사 필요시 전체조사 비율로 조정
* 면적별 투입인원 직선보간법 적용
* 여비 민사소송비용규칙 별표2 적용
* 일부 증축의 경우 기성고 감정료 산정기준 적용하는 것이 적정

년   월   일

회사명

감정인   (인)

일반건축물 하자감정료 표준안

일반건축물 하자감정료 표준안

사건번호 :

건물유형		건축물 구 분	1종 단순	2종 보통	3종 복잡	보정지수	전체조사	항목 개수	항목난이도
연면적	1,000 ㎡		0.9	1.0	1.1	1.0	부분	50 개	상

구 분	업무내용	기 술 자 (인)			산 출 근 거				
		감정인	감정인보조자 (특급-초급)	계					
1. 감정기일 출석	① 감정사항 검토	0.50 인		0.50 인	- 수도권 법원 기준 출석 소요 시간 4시간 소요 0.5인 산정				
	② 법원 출석, 선서								
2. 사전 준비	① 과업수행계획서 작성	0.50 인		0.50 인	투입 인원	0.500인	300 ㎡ 이하 0.3인, 1000- 3000㎡ 이하 0.5-1인, 10000㎡ 이하 2인, 10000㎡ 초과 최대2인		
	② 현장조사 준비								
3. 현장 조사	① 감정항목별 조사	6.25 인		6.25 인	항목별 인원	0.125인	항목당 (하)5분, (중)20분, (상)60분, (최상)120분		
	② 건축물 현황 조사		0.00 인	0.00 인	투입 인원	0.000인	300 ㎡ 이하 1인, 1000- 3000㎡ 이하 2-4인, 10000㎡ 이하 6인, 10000㎡ 초과 10000㎡ 마다 6		
4. 현장조사서 작성	① 결함현황도 작성		3.13 인	3.13 인	항목별 인원	0.063인	항목당 (하)5분, (중)30분, (상)30분, (최상)60분		
	② 현장조사서 정리								
5. 감정내역서 작성	① 수량산출서 작성		3.13 인	3.13 인	항목별 인원	0.063인	항목당 (하)10분, (중)30분, (상)30분, (최상)120분		
	② 감정내역서 작성								
6. 감정보고서 작성	① 구체적 감정사항 작성	12.50 인		12.50 인	항목별 인원	0.250인	항목당 (하)10분, (중)30분,(상)120분,(최상)180분		
	② 감정 결과 및 보고서 작성								
투입인원 소계		19.75 인	6.25 인	26.00 인	기술사단가	특급단가	고급단가	중급단가	초급단가

직접인건비			₩ 8,857,691	@371,891	@292,249	@242,055	@220,497	@172,529
				7,344,847		1,512,844		

건축물 종별 구분		1.0	₩ -	투입인원			
직접경비(시험, 검사비용 등)				사전준비	현장조사	내업	소계
직접비 소계			₩ 8,857,691	1.00인	6.25인	18.75인	26.00인
제 경 비	직접비의 60%		₩ 5,314,615	여비(지방 주재시 산정)			
기 술 료	(직접비 + 제경비)의 15%		₩ 2,125,846	운임	숙박비	식비	일비
여비 (소재지)	적용		₩ 519,360	₩ 129,360	₩ 150,000	₩ 120,000	₩ 120,000
계			₩ 16,817,511	연비10 km/L	1일50,000원	1일20,000원	1일20,000원
단수 정리			₩ 17,511	1,540원/L	3일(2인1실)	6인	6인
산정 금액			₩ 16,800,000	왕복거리 840km	* 교통비 자동차 이용, 연비 소나타 기준, 휘발유단가 오피넷 기준, 숙박비 5만원 적용, 인원 올림 적용		
V.A.T			₩ 1,680,000	1대			
합 계			₩ 18,480,000				

변경사항 및 변경사유	예) 사전 조사 결과, ①감정항목별 현황조사 기준인원이 6.25인이나 하자현상이 3개동에 걸쳐 있고, 하자 종류도 기계, 전기 하자가 다수 포함되어 있어 추가로 3.75인이 더 투입될 것으로 예상되어 10인으로 변경함

* 건축종별 복잡도 보정, 전체조사 필요시 전체조사 비율 조정

* 일반하자외 성능검사와 별도 감정 필요 시 직접경비란에 반영할 것

* 면적별 투입인원 직선보간법 적용

* 여비 민사소송비용규칙 별표2 적용

	년	월	일
회사명			
감정인			(인)

집합건물 하자감정료 표준안

집합건물 하자감정료 표준안

사건번호 :

건물유형 세대규모	300세대	평형별 보정	20평형이하 0.9 세대	30평형대 1.0 300세대	40평형이상 1.1 세대	소계 1.00	조사비율 100%	항목 개수 전유 100 개	공용 150 개	소계 250 개

구 분	업무내용	기 술 자 (인) 감정인	감정인보조자 (특급·초급)	계	산 출 근 거		
1. 감정기일 출석	① 감정사항 검토 ② 법원 출석, 선서	0.50 인		0.50 인	- 수도권 법원 기준 출석 4시간 소요 0.5인 산정		
2. 사전 준비	① 과업수행계획서 작성 ② 현장조사 준비	0.40 인	3.60 인	4.00 인	투입 인원	4.000인	150세대 이하 2인, 300-1,500세대 4-5 인, 1500세대 초과 최대5인
3. 현장 조사	① 공용부 조사	0.80 인	7.20 인	8.00 인	투입인원	8.000인	150세대 이하 4인, 300-1,500세대 8-18 인, 1500세대 초과 1500세대마다 18인추가
	② 외벽균열 조사 ③ 지하주차장 균열 조사	1.00 인	9.00 인	10.00 인	투입 인원	10.000인	150세대 이하 6인, 300-1,500세대 10-20 인, 1500세대 초과 1500세대마다 20인추가
	④ 전유세대 조사	1.20 인	10.80 인	12.00 인	세대별 인원	0.040인	1일 조사세대수 25 세대
4. 현장조사서 작성	① 각 부위 결함현황도 작성 ② 외벽균열 결함현황도 작성	0.80 인	7.20 인	8.00 인	투입 인원	8.000인	150세대 이하 4인, 300-1,500세대 4-18인, 1500세대 초과 1500세대마다 18인추가
5. 감정내역서 작성	① 공용부분 수량산출서 작성 ② 공용부분 감정내역서 작성	0.94 인	8.44 인	9.38 인	항목별 인원	0.063인	일위대가, 내역서 작성, 항목별 평균 30분
	③ 전유세대 수량산출서 작성 ④ 전유세대 감정내역서 작성	1.00 인	9.00 인	10.00 인	투입 인원	10.000인	150세대 이하 5인, 300-1,500세대 10-20 인, 1500세대 초과 1500세대마다 20인추가
6. 감정보고서 작성	① 구체적 감정사항 작성 ② 감정 결과 및 보고서 작성	1.56 인	14.06 인	15.63 인	항목별 인원	0.063인	감정보고서 작성, 항목별 평균 30분
투입인원 소계		8.20 인	69.30 인	77.50 인	기술사단가 @348,160	특급단가 @264,306	고급단가 @209,485 / 중급단가 @190,910 / 초급단가 @149,647

직접인건비		₩ 16,235,088	16,235,088
평형별 보정 계수	1.00	₩ -	투입인원
직접경비(시험, 검사비용 등)			사전준비 / 현장조사 / 내업 / 투입인원 소계
직접비 소계		₩ 16,235,088	4.50인 / 30.00인 / 43.00인 / 77.50인
제 경비	직접비의 60%	₩ 9,741,053	여비(지방 주재시 산정)
기 술 료	(직접비 + 제경비)의 15%	₩ 3,896,421	운임 / 숙박비 / 식비 / 일비
여비 (소재지)	미적용	₩ -	/ ₩750,000 / ₩600,000 / ₩600,000
계		₩ 29,872,561	연비10 km/L / 1일50,000원 / 1일20,000원 / 1일20,000원
단수 정리		₩ 872,561	1,540원/L / 15일(2인1실) / 30인 / 30인
산정 금액		₩ 29,000,000	왕복거리 0km / * 교통비 자동차 이용, 연비 소나타 기준, 휘발유단가 오피넷 기준, 숙박비 5만원 적용, 인원 올림 적용
V.A.T		₩ 2,900,000	1대
합 계		₩ 31,900,000	세대당 96,667원

변경사항 및 변경사유	예) 3. 현장조사 ② 외벽균열 조사 : 공용부 조사기준 - 표준안은 300세대 8인이나, 이 사건 아파트의 경우 평균적인 경우와 달리 외벽 균열의 정도가 크고 범위가 넓으며, 동수가 8개동으로 많아(혹은 아파트 구조상 균열부위에 대한 조사가 쉽지 않을 것으로 보여) 기준인원보다 추가 2인이 더 필요한 것으로 예상되므로, 10인으로 변경함.

* 공동주택 외 오피스텔, 아파트형공장(20평형 산정) 등 집합건물 산정 가능
* 채권양도 세대나 전유세대의 제한적 조사시 조사비율로 조정
* 감정인 보조자 고급인력단가로 일원화 적용, 세대별 투입인원 직선보간법 적용
* 고배율카메라촬영, CAD균열도 작성, 전유세대 1일 25세대 조사 전제, 평형별 10% 보정
* 여비 민사소송비용규칙 별표2 적용

년   월   일

회사명

감정인   (인)

건축피해 감정료 표준안

건축피해 감정료 표준안

사건번호 :

건물유형		건축물 구 분	1종 단순	2종 보통	3종 복잡	보정지수	전체조사	항목 개수
연면적	1,000 ㎡		0.9	1.0	1.1	1.0	전체	10 개

구 분	업무내용	기 술 자 (인)			산출 근거	
		감정인	감정인보조자(특급-초급)	계		
1. 감정기일 출석	① 감정사항 검토	0.50 인		0.50 인	- 수도권 법원 기준 출석 소요 시간 4시간 소요 0.5인 산정	
	② 법원 출석, 선서					
2. 사전 준비	① 과업수행계획서 작성	0.50 인		0.50 인	투입 인원 0.500인	300 ㎡ 이하 0.3인, 1000- 3000㎡ 이하 0.5-1인, 10000㎡ 이하 2인, 10000㎡ 초과 최대 2인
	② 현장조사 준비					
3. 현장 조사	① 감정항목별 조사	1.25 인		1.25 인	항목별 인원 0.125인	* 균열, 누수, 침습, 침하, 전도, 각종 손상
	② 건축물 현황 및 주변 조사		1.00 인	1.00 인	투입 인원 1.000인	300 ㎡ 이하 0.5인, 1000- 3000㎡ 이하 1-2인, 10000㎡ 이하 4인, 10000㎡ 초과 10000㎡ 마다 4인추가 (전체조사 필요시 적용)
4. 현장조사서 정리	① 결함현황도 작성		1.00 인	1.00 인	투입 인원 1.000인	300 ㎡ 이하 0.5인, 1000- 3000㎡ 이하 1-1.5인, 10000㎡ 이하 2인, 10000㎡ 초과 10000㎡ 마다 2인추가
	② 현장조사서 정리					
5. 감정내역서 작성	① 수량산출서 작성		2.00 인	2.00 인	투입 인원 2.000인	300 ㎡ 이하 1인, 1000- 3000㎡ 이하 2-3인, 10000㎡ 이하 4인, 10000㎡ 초과 10000㎡ 마다 4인추가
	② 감정내역서 작성					
6. 감정보고서 작성	① 기여도 산정	0.50 인		0.50 인	투입인원 0.500인	300 ㎡ 이하 0.5인, 1000- 3000㎡ 이하 0.5-0.7인, 10000㎡ 이하 1인, 최대1인으로 제한
	② 구체적 감정사항 작성	2.50 인		2.50 인	항목별 인원 0.250인	항목당 120분
	③ 감정 결과 및 보고서 작성					
투입인원 소계		5.25 인	4.00 인	9.25 인	기술사단가	특급단가	고급단가	중급단가	초급단가

직접인건비			₩ 2,665,780	@348,160	@264,306	@209,485	@190,910	@149,647
				1,827,840		837,940		

건축물 종별 구분	1.0	₩ -	투입인원			
직접경비(안전진단 비용 등)			사전준비	현장조사	내업	소계
직접비 소계		₩ 2,665,780	1.000인	2.250인	6.000인	9.250인
제 경 비	직접비의 60%	₩ 1,599,468	여비(지방 주재시 산정)			
기 술 료	(직접비 + 제경비)의 15%	₩ 639,787	운임	숙박비	식비	일비
여비 (소재지)	미적용	₩ -	₩ -	₩ 50,000	₩ 40,000	₩ 40,000
계		₩ 4,905,035	연비10 km/L	1일50,000원	1일20,000원	1일20,000원
단수 정리		₩ 5,035	1,540원/L	1일(2인1일)	2인	2인
산정 금액		₩ 4,900,000	왕복거리 0km	* 교통비 자동차 이용, 연비 소나타 기준, 휘발유 단가 오피넷 기준, 숙박비 5만원 적용, 인원 올림 적용		
V.A.T		₩ 490,000	1대			
합 계		₩ 5,390,000				

변경사항 및 변경사유	예) 사전 조사 결과, 3.현장조사 ①감정항목별 조사 기준인원은 1.25인이나 건축피해가 건축물 전체에 걸쳐있고 특히 외벽쪽에 많아 2인정도 인원이 더 투입될 것으로 예상되어 3인으로 변경함

* 건축종별 복잡도 보정, 전체조사 필요시 전체조사 비율 조정
* 주요 하자유형 균열, 누수, 침습, 처짐, 침하, 전도, 각종 손상 등
* 신축 공사비 산정시 인원은 한국감정원 [건물신축단가표] 적용 인원 기준
* 안전진단 필요 시 안전진단 비용은 안전진단대가기준에 의거 별도 산정할 것
* 면적별 투입인원 직선보간법 적용, 여비 민사소송비용규칙 별표2 적용

년   월   일

회사명

감정인   (인)

3. 엔지니어링 노임단가

(한국엔지니어링 협회, 2021년 기준)

2020 엔지니어링업체 임금실태조사결과 공표

본 협회에서 실시한 2020년도 엔지니어링업체 임금실태조사(국가승인통계 제372001호) 결과를 통계법 제27조에 따라 아래와 같이 공표합니다.

가. 엔지니어링기술부문*별 기술자 노임단가

(단위 : 원, 1인 1일 기준)

구분	기계/설비	전기	정보통신	건설	환경	원자력	기타**
기술사	382,922	386,790	367,129	371,891	367,057	457,398	351,929
특급기술자	322,321	288,765	267,977	292,249	281,068	407,303	288,326
고급기술자	282,109	242,820	242,904	242,055	253,264	314,111	240,794
중급기술자	219,603	219,050	222,620	220,497	207,859	285,982	193,223
초급기술자	203,384	199,763	182,192	172,529	190,246	235,216	175,897
고급숙련기술자	232,720	238,484	194,866	207,510	203,924	293,640	203,120
중급숙련기술자	190,557	179,526	172,952	185,073	184,340	264,761	169,272
초급숙련기술자	168,953	153,750	149,870	162,285	160,472	167,847	140,473

- 상기 제시된 노임단가는 1일 단가 (만근한 기술자 월 인건비(원) ÷ 22일(평균근무일수))
* 엔지니어링기술부문은 엔지니어링산업진흥법 시행령 엔지니어링기술(제3조 관련) 별표1에 따름
** 기타 : 엔지니어링기술부문 중 선박, 항공우주, 금속, 화학, 광업, 농림, 산업, 해양수산 해당(보고서 참조)

나. 평균근무일수 : 22일   다. 적용일 : 2021년 1월 1일 부터

<참고> 엔지니어링 활동분류별 기술자 노임단가

(단위 : 원, 1인 1일 기준)

구분	원자력발전	산업공장	건설 및 기타
기술사	457,599	442,074	370,360
특급기술자	407,695	353,407	284,468
고급기술자	337,140	268,051	241,113
중급기술자	297,276	213,416	215,194
초급기술자	244,287	210,621	176,241
고급숙련기술자	308,318	240,312	211,038
중급숙련기술자	260,121	190,528	178,305
초급숙련기술자	169,240	169,289	156,008

※ 현행 기술자노임단가 분류체계 변경(2016.1.1) 전 계약된 사업의 경우, 참고의 '엔지니어링활동분류별 기술자 노임단가'를 적용

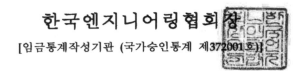

한국엔지니어링협회

[임금통계작성기관 (국가승인통계 제372001호)]

참고문헌

[1] 건설감정(공사비편), 이기상, 손은성, 박영사, 2020.

[2] 건설감정(하자편), 이기상, 손은성, 박영사, 2018.

[3] 법률용어사전, 현암사, 2012.

[4] 건축물 감정방법, 김성수, 시공문화사, 2012.

[5] 법원감정인을 위한 소송감정, 김황중, 서우, 2008.

[6] 건축물 조사·감정실무, 전선학, 공간예술사, 2007.

[7] 주석 민사소송법[V], 민일영, 한국사법행정학회, 2018.

[8] 법원실무제요 민사소송[Ⅲ], 법원행정처, 박영사, 2017.

[9] 건설산업기본법 해설, 남진권, 금호, 2017

[10] 건설분쟁관계법(제6판), 윤재윤, 박영사, 2015.

[11] 건설관련소송(제4판), 이상범, 법률문화원, 2015.

[12] 건설소송의 법률적 쟁점과 소송실무, 김홍준, 유로, 2013.

[13] 건설분쟁실무, 배태민, 진원사, 2011.

[14] 전문가감정 및 전문심리위원제도의 개선방안에 관한 연구, 사법정책연구원, 2016.

[15] 건설재판실무편람(2014년 개정판),건설재판실무편람 집필위원회, 2014.

[16] 외국사법제도 연구(16), 법원행정처, 2014.

[17] 건설감정매뉴얼, 법원행정처, 2014.

[18] 외국의 민사소송, 법원행정처, 1996.

[19] 건설소송실무(증보판), 서울중앙지방법원 건설소송실무연구회, 유로, 2017.

[20] 건설감정실무 2016개정판, 서울중앙지방법원 건설소송실무연구회, 2016.

[21] 건설감정료 표준안 마련을 위한 심포지엄, 서울중앙지방법원, 2015.

[22] 건설감정실무 추록, 서울중앙지방법원 건설소송실무연구회, 2015.

[23] 건설재판실무논단, 서울중앙지방법원 건설소송실무연구회, 2006.

[24] 건설감정시행에 있어 유의사항, 서울중앙지방법원 건설감정 연구회, 2005.

[25] 건설감정인 실무연수회 자료집, 서울중앙지방법원 건설감정 실무연구회, 2004.

[26] 민사소송절차에서 감정인의 지위와 임무, 정선주, 한국민사소송법학회지, 2002.

[27] 건설감정인의 지위와 건설감정절차, 윤재윤, Jurist387호, 2002.

[28] 건설소송 감정제도 개선방안에 관한 연구, 손은성, 광운대학교 박사학위논문, 2017.

[29] 건설소송실무, 손은성, 사법연수원, 2020.

ㅣ저ㅣ자ㅣ소ㅣ개ㅣ

손은성

건축사·건축시공기술사·조경기사

건설법무학박사

전남대학교 건축공학과

광운대학교 건설법무대학원

전국 10개 법원 감정인

광주고등법원 상임전문심리위원(현)

2015 서울중앙지방법원「건설감정실무」외 공동연구

법원행정처「건설감정메뉴얼」외 공동집필

「건설감정 – 하자/공사비 편」공저

esson71@naver.com

소송관계자를 위한

건설감정실무

초판발행	2021년 8월 25일
지은이	손은성
펴낸이	안종만 · 안상준
편 집	정은희
기획/마케팅	이후근
표지디자인	이미연
제 작	고철민 · 조영환
펴낸곳	(주) **박영사**
	서울특별시 금천구 가산디지털2로 53, 210호(가산동, 한라시그마밸리)
	등록 1959.3.11. 제300-1959-1호(倫)
전 화	02) 733-6771
fax	02) 736-4818
e-mail	pys@pybook.co.kr
homepage	www.pybook.co.kr
ISBN	979-11-303-3918-4 93360

정 가　　18,000원